Small Talk

Dr. Cornelia Topf

Inhalt

Teil 1: Praxiswissen Small Talk

Gewinnen mit Small Talk   7

- Was ist Small Talk?   8
- Passt Small Talk immer?   16
- Small Talk für Anfänger   19
- Verabschieden Sie Ihre Hemmungen   24

So plaudern Sie souverän   33

- Wie gelingt der „Kaltstart"?   34
- Gespräche auf Partys, Empfängen, Kongressen   38
- Wie führen Sie ein rundes Gespräch?   41
- So meistern Sie heikle Situationen in der Familie   52

Oberstes Small Talk-Gebot: Du sollst nicht langweilen! 63

- Themen, die anöden   64
- Marotten, die stören   69
- Meiden Sie Weitschweifigkeit   76
- Fragen verhindern Langeweile   81

Small Talk für Fortgeschrittene   83

- Taktische Fehler   84
- Gesprächskiller   87
- Vermeiden Sie Sprachmüll   94
- So werden Sie zum Small Talk-Profi   99

Small Talk-Training   117

- Das persönliche Lernprogramm   118
- Was Sie beim Training beachten sollten   121
- Seminare und Coaching   124

- Literatur   126

Teil 2: Training Small Talk

Die Sprachlosigkeit überwinden   **129**

- Test: Wie kontaktfreudig sind Sie?   131
- Training gegen Schüchternheit   135
- Den Anfang machen   141
- Aufhänger und Eisbrecher nutzen   147
- Sich gekonnt in Gruppen einklinken   151
- Andere leichter kennen lernen   155

Auf der Suche nach einem Thema   **161**

- Die Standardthemen beherrschen   163
- Berufstalk   175
- Was verbindet? Was trennt?   179

Das Gespräch souverän führen   185

- Mit Fragen weiterkommen   187
- Zuhören – der Schlüssel zum Erfolg   197
- Einen Small Talk beenden   201

Kritische Situationen beherrschen   205

- Namen merken? Kein Problem   207
- Richtig umgehen mit Peinlichkeiten   211
- Wenn das Fair Play verletzt wird   215

Mit dem Profi-Training zum Erfolg   219

- Körpersprache gekonnt einsetzen   221
- So klingt Ihre Stimme gut   229
- Andere in den Bann ziehen   233
- Abschlusstraining   245

- Stichwortverzeichnis   248

Vorwort

Es ist wenig erstaunlich, dass sich so viele Menschen für die Kunst des Small Talks interessieren. Denn unsere fehlende Kompetenz in Bezug auf die harmlose Plauderei erleben wir täglich schmerzhaft.

Da läuft einem der oberste Chef über den Weg. Durch diesen Zufall könnten sich die tollsten Möglichkeiten ergeben. Wenn man bloß den Mund aufkriegen würde! Wieder eine Chance verpasst.

Wie wichtig Small Talk in Berufs- und Privatleben für den Erfolg ist, das ist vielen von uns klar. Doch wenn es darauf ankommt, wissen wir plötzlich nicht, was wir sagen sollen. Dabei ist die Fähigkeit, die rechten Worte zu finden, ganz einfach zu erwerben.

Jede(r) kann ein gewandter Small Talker werden. Auch Sie! Dieser TaschenGuide hilft Ihnen dabei. Im ersten Teil des Buches erfahren Sie alles, was sie über Small Talk wissen sollten. Im zweiten Teil des Buches (ab Seite 127) können Sie mittels zahlreicher Übungen für die Praxis trainieren.

Gewinnen mit Small Talk

Warum wirkt Small Talk in vielen beruflichen und privaten Situationen wie ein Zaubermittel?

In diesem Kapitel lesen Sie,

- warum Small Talk mehr als oberflächliches Geplauder ist (S. 9),
- welche Vorteile Ihnen gekonnter Small Talk im Berufsleben bringt (S. 13),
- wie Sie Ängste loswerden (S. 20) und Hemmungen überwinden (S. 24).

Was ist Small Talk?

Viele Menschen haben Sprechhemmungen und können nicht einfach drauflos plaudern. Auf Partys, bei Meetings, Geschäftsessen und anderen formellen und informellen Anlässen ist das manchmal sehr unangenehm.

Ein gewandter Small Talker zu sein bewahrt nicht nur vor peinlichen Situationen, sondern es kann auch beruflich weiterbringen. Im Beruf ist Fachkompetenz allein nicht alles. Sie wird oft als gegeben vorausgesetzt. Worauf es häufig ankommt, das ist die Fähigkeit „mit Menschen zu können".

Beispiel: Aufstieg an der Bar

 Ein Mann und eine Frau sitzen an der Bar eines Hotels. Der Mann hat einen interessanten Anstecker am Revers und die Dame fragt ihn nach dessen Bedeutung. Man kommt ins Gespräch und redet angeregt über dies und das, auch über den jeweiligen Beruf. Die Dame lässt durchblicken, dass sie mit ihrer derzeitigen Position nicht zufrieden ist: „Bei uns im Unternehmen bringen es IT-Beraterinnen nicht allzu weit." Der Mann sagt: „Sie sind IT-Beraterin? Das ist interessant. Geben Sie mir doch mal Ihre Visitenkarte." Drei Wochen später ruft er an und bietet ihr eine regionale Vertriebsleitung in seinem Unternehmen an.

Sie sehen: Wie gut Sie „mit Menschen können", lässt sich sogar an der Bar beweisen. Das heißt, in einer Gesprächssituation, in der Small Talk gefragt ist. Small Talk macht Spaß und hilft, neue Kontakte zu knüpfen. Darüber hinaus kann er durchaus – ob beabsichtigt oder unbeabsichtigt – positive Folgen haben, nämlich wie in unserem Beispiel zum beruflichen Aufstieg verhelfen oder aber im Privatleben der Beginn einer Freundschaft sein.

Was ist an Small Talk anders?

Viele Äußerungen im Alltag sind tendenziell absichtsgeleitet und sachbezogen: „Drück doch nicht immer die Zahnpasta-Tube von oben her aus!" „Wann ist mein Auto fertig?" „Der Auftrag muss bis morgen raus!"

Small Talk dagegen ist zunächst absichtsfrei und vor allem beziehungsorientiert: „Wie geht's Ihnen so? Was macht die Familie?" Mit dem Gesprächsgegenstand selbst verfolgt man nicht das Ziel, den anderen zu einer bestimmten Handlung zu bewegen. Deshalb ist Small Talk, wenn man ihn beherrscht, ungezwungen und relativ offen für unterschiedliche Menschen und Themen. Man plaudert eben locker und unbeschwert.

Oberflächliches Geplauder?

Oft hört man das Vorurteil, Small Talk sei oberflächlich, kein „richtiges" Gespräch, und damit sinnlos. Zum einen ist dies ein Vorwurf, der ins Leere geht. Denn wer stundenlang anstrengende Arbeitsgespräche führen muss, der entspannt auch gerne bei etwas Oberflächlichkeit. Und der tägliche Plausch bietet durchaus geistige Anregungen.

Zum anderen werden solche Vorwürfe oft von Leuten vorgebracht, von denen Small Talk erwartet wird und die ihn nicht beherrschen (zum Beispiel beim Geschäftsessen oder bei einem Empfang). Es geht ihnen wie dem Fuchs in der Fabel:

Die Trauben hängen ihnen zu hoch, also behaupten sie einfach, dass sie sauer seien.

Small Talk bedeutet soziale Kompetenz

Die kommunikative Bedeutung von Small Talk ist enorm. Mit Small Talk überwinden wir die Distanz zum anderen. Wir „beschnuppern" uns und bereiten damit die Grundlage für den weiteren Kontakt. Wir erzeugen ein Gemeinschaftsgefühl und schaffen so das ideale Klima für weitere Gespräche. Oder lockern einfach nur die Atmosphäre auf.

> Unabhängig vom Gesprächsthema gilt: Wer andere anspricht und auf ihre Gesprächsangebote reagiert, mit ihnen über dies und das plaudert, signalisiert dadurch sein Interesse an ihnen.

Wer die Kunst des Small Talks beherrscht, „kann gut mit Menschen". Er kann auch mit fremden Menschen in ungewohnten Situationen Kontakt herstellen. Er erweist sich als sozial kompetent. Small Talk befähigt ihn zwar noch nicht zur Mitarbeiterführung. Aber wer nicht locker plaudern kann, dem wird es schwer fallen, andere zu motivieren und zu führen – das können Ihnen Mitarbeiter bestätigen, die einen Vorgesetzten haben, der „den Mund nicht aufkriegt".

Was Sie vom Small Talk haben

Bei der zunächst unverbindlichen Plauderei werden Beziehungen geknüpft und gefestigt, Vertrauen hergestellt, Geschäftskontakte angebahnt oder neue Freunde gewonnen. Wie das funktioniert? Man kommt ins Gespräch, stellt schon bald gemeinsame Interessen fest und findet ganz leicht zu den Themen, die „eigentlich" interessieren. Small Talk ist der beste Einstieg für „das Eigentliche".

Einfach nur zum Spaß oder gezielt eingesetzt

Die Kunst des kleinen Gesprächs bringt reichen Segen. Small Talk ...

- ... ist ein Karrierefaktor: Von zwei gleich kompetenten Bewerbern wird der bessere Small Talker befördert bzw. eingestellt.
- ... ist ein Türöffner in neuen, ungewohnten Situationen.
- ... ist die beste Möglichkeit, mit fremden Menschen schnell in Kontakt zu kommen.
- ... ist eine gute Gelegenheit, Kontakte zu Menschen aufzubauen, die man braucht (Networking).
- ... stellt eine persönliche Beziehung zu Menschen her.
- ... schafft in Gesprächssituationen eine freundliche, aufgelockerte Atmosphäre und baut Spannungen ab.
- ... hilft Ihnen, bei anderen ein positives Bild von sich selbst zu erzeugen.
- ... entkrampft schwierige Gesprächssituationen.
- ... dient der Unterhaltung und Entspannung.

Small Talk ist ein Schlüsselfaktor für den beruflichen Erfolg. Eine Studie des amerikanischen Center für Workforce Development zeigte, dass Mitarbeiter siebzig Prozent ihres Wissens über ihren Job und ihre Firma durch Schwätzchen mit den Kollegen erfahren. Grundlegende Bereiche wie Teamar-

beit oder die Firmenphilosophie gehören danach ebenso zu
den Plauderthemen wie konkrete Tipps zur Erledigung be-
stimmter Aufgaben.

Manipulieren mit Small Talk?

Viele befürchten, dass man mit gekonntem Small Talk Menschen hemmungslos manipulieren, sie „einwickeln" kann. Wie
oft haben wir schon Aufgaben übernommen, die wir eigentlich nicht wollten? „Aber ihr kann ich einfach nichts abschla-
gen!" Weil wir so schön mit ihr geplaudert und deshalb einen
sympathischen und vertrauenswürdigen Eindruck von ihr
bekommen haben.

Ist das Manipulation? Das kommt auf die Definition an. Manipulieren heißt: Jemanden mit unfairen Mitteln zu bestimmten Handlungen bewegen, um die eigenen Ziele und Absich-
ten durchzusetzen. In diesem Sinne ist Small Talk nur dann
Manipulation, wenn er unfair ist.

Aber Small Talk ist in der Regel nicht unfair. Warum? Weil
der Gesprächspartner nicht in seinem Recht beschnitten wird,
seine Interessen zu vertreten. Und vor allem, weil er den
Small Talk und die damit verbundene Aufmerksamkeit so
genoss, dass er quasi als Gegenleistung die ungeliebte Aufgabe übernahm. Resultat: Beide Gesprächsteilnehmer haben
dabei gewonnen, ein fairer Tausch also.

Deshalb ist Small Talk ein hervorragendes Instrument, um
bestimmte Ziele zu erreichen. Natürlich sind die Grenzen zur
Manipulation dabei fließend. Deshalb ist es umso wichtiger,
sich bewusst zu machen, welche Folgen der manchmal also

nur scheinbar unverbindliche Small Talk haben kann: Wenn Sie selbst mit Small Talk erfolgreicher werden möchten, aber auch, wenn Sie einem Small Talk-Profi begegnen – lassen Sie sich nicht einfach um den Finger wickeln!

Small Talk verschafft Ihnen Vorteile

Wir haben gesehen, was an Small Talk anders ist und was er Ihnen bringen kann. Sehen wir uns nun konkrete Situationen an, in denen Ihnen das kleine, oberflächliche Gespräch große Vorteile verschaffen kann. Nutzen Sie solche Momente! Immer, konsequent und zielstrebig. Eben wie ein echter Small Talk-Profi.

Small Talk mit Führungskräften

Gelingt Ihnen ein kleiner Small Talk mit einem Vorgesetzten, kann das für Sie ein unschätzbarer Vorteil sein. Ihre Kollegen trauen sich nämlich vielleicht nicht, diese Person anzusprechen. Durch das kleine Gespräch machen Sie auf sich aufmerksam und können Pluspunkte sammeln. (Wie Sie Ihre Hemmungen im Gespräch mit Autoritäten ablegen, erfahren Sie auf Seite 24 ff.)

Beispiel: Unverhoffte Begegnung im Aufzug

 Silke Wittmann steht mit Kollegen im Fahrstuhl. Kurz bevor sich die Türen schließen, hetzt der Finanzchef des Unternehmens herein. Silke meint: „Meine Güte, Sie bewegen sich schneller als die meisten Zwanzigjährigen in diesem Gebäude." Der Finanzdirektor schmunzelt und macht eine charmante Bemerkung. Silke sagt: „Übrigens, ich bin Silke Wittman aus dem Export, Herr Doktor Kleinschmitt." Der Finanzchef ist beeindruckt: Silke ist kommunikativ, kann sich artikulieren – und spricht ihn mit dem Namen an, inklusive akademischem Grad.

In der nächsten Vorstandssitzung erwähnt er die Begegnung beiläufig gegenüber dem Exportchef und kommentiert: „Mit der Wittmann scheinen Sie ja einen guten Fang gemacht zu haben." Dem Exportchef ist Silke bislang nicht aufgefallen. Das hat sich nun geändert.

Wann immer Sie einem „großen Tier" begegnen, kann ein Dreißig-Sekunden-Small Talk mehr wert sein als Wochen harter Arbeit.

Der Chef aller Chefs hetzt vorbei

Noch ein Beispiel dazu: Im Gang begegnen Sie unvermutet dem Vorstandsvorsitzenden Ihrer Firma. Viele Menschen blicken in einem solchen Augenblick zur Seite, gehen rasch weiter und murmeln einen halb verständlichen Gruß. Schade! Denn das ist eine verpasste Gelegenheit.

> Führungskräfte sollten Sie immer ansehen und grüßen! Mit einem freundlichen Blick, einem Lächeln, indem Sie dem anderen den Körper zuwenden und ihn mit Titel und Namen anreden.

Also zum Beispiel: „Guten Morgen, Herr Direktor Meier!" Dr. Meier wird vielleicht nur ein flüchtiges „Morgen" murmeln – aber Sie sind ihm aufgefallen. Und das möchten Sie. Beim zweiten oder dritten Mal hält Dr. Meier inne und das nutzen Sie zur Vorstellung: „Ich bin Andrea Schmitt aus der Bilanzbuchhaltung." Treffen Sie ihn erneut, hat er Ihren Namen vermutlich wieder vergessen. „Guten Tag Herr Direktor Meier. Sie erinnern sich vielleicht an mich, ich bin Andrea Schmitt aus der Bilanzbuchhaltung." Doch beim nächsten Mal erkennt er Sie wieder – und dann können Sie ein kleines Gespräch anknüpfen.

Zugegeben, am Anfang kostet das ein bisschen Mut. Aber wenn Sie mal nachdenken: Alles, was sich lohnt, kostet am Anfang Mut. Die erste Tanzstunde, das erste Bewerbungsgespräch, der Heiratsantrag ...

Kontakte knüpfen

Beispiel: Das Schweigen im Frühstücksraum

 In einem Frankfurter Hotel sitzen zur Messezeit im Frühstücksraum lauter Verkäufer und Geschäftsleute. Alle sind schweigend und grußlos hereingekommen und haben sich weitgehend stumm gesetzt. Das muss man sich vorstellen! Menschen, die fürs Verkaufen, Reden und Geschäftemachen bezahlt werden, sitzen stumm wie die Fische da.

Dann kommt Peter Panczak. Mit einem Kopfnicken und einem Lächeln grüßt er die Menschen, an denen er vorbeigeht. Am Büfett sagt er zu seinem Nachbarn: „Der Lachs sieht aber gut aus. Haben Sie ihn schon probiert?" Man wechselt ein paar Worte.

Am selben Tag laufen sich die beiden auf der Messe über den Weg. Der Frühstücksnachbar erkennt Peter wieder und knüpft nun seinerseits ein Gespräch an. Es stellt sich heraus, dass er ein millionenschwerer Einkäufer ist. Peter hat einen neuen Interessenten gewonnen – am Frühstücksbüfett!

Reden Sie mit möglichst vielen Leuten ein paar Takte. Sie erfahren nie, welcher wertvolle und wichtige Mensch neben Ihnen steht, wenn Sie ihn nicht ansprechen.

Selbst wenn sich von zehn Kontakten nur einer als nutzbringend herausstellt, ist das eine tolle Quote – denn ohne den Small Talk hätten Sie nicht einmal diesen einen gewonnen. Außerdem hatten Sie bei den restlichen neun Ihren Spaß und haben viele neue Menschen kennen gelernt.

Passt Small Talk immer?

Achtzig Prozent unserer täglichen Kommunikation sind im Grunde nichts anderes als kleine Wortplänkeleien. Deshalb ist Small Talk so wichtig. Trotzdem ist die Verunsicherung in Bezug auf Small Talk bei vielen Menschen groß. Die meisten wissen nicht genau, in welchen Situationen er geradezu eine gesellschaftliche Verpflichtung und wann er ein unverzeihlicher Fauxpas ist.

Wichtig ist, dass Sie sich fragen: In was für einer Situation befinde ich mich? Ist ein kleines Gespräch nützlich, erwünscht oder sogar ein absolutes Muss? Oder wäre es jetzt vollkommen fehl am Platz? Gehen wir einige typische Situationen durch.

Wann Small Talk erwartet wird

Es gibt Situationen, in denen von Ihnen erwartet wird, dass Sie Small Talk pflegen – Sie sind quasi zum Small Talk verpflichtet. Dazu gehören Partys, Empfänge, Besuche von Geschäftspartnern oder Kaffeepausen bei Tagungen und Besprechungen.

> In fast allen Situationen, in denen Menschen versammelt sind, ist Small Talk nützlich und hilfreich.

Wenn Sie in diesen Situationen schweigen wie ein Fisch, könnte das peinlich auffallen. Oder die anderen nehmen Sie schlicht nicht wahr. Je höher Ihre Position in einem Unternehmen, je größer Ihre Ambitionen oder je stärker Ihr Wunsch, von anderen akzeptiert und als sympathisch wahrgenommen zu werden, desto zwingender wird diese Verpflichtung zum Small Talk.

Kommen Sie ihr nicht nach, dann könnte Ihnen das passieren, was einem leitenden Angestellten eines Elektrokonzerns jüngst passierte.

Beispiel: Die verpasste Beförderung

 Als im Zuge einer anstehenden Beförderung das Gespräch auf Manfred Müller kommt, sagt der Geschäftsführer: „Der Müller? Ein guter Mann. Macht aber auf dem gesellschaftlichen Parkett eine schlechte Figur." Damit spielt er darauf an, dass Manfred Müller sich bei einem Essen für einen wichtigen Kunden nicht so versiert am Dinner-Gespräch beteiligt hat, wie man es von einem Repräsentanten des Unternehmens erwartet.

Im Beruf kann die Fähigkeit zum Small Talk ab einer bestimmten Hierarchieebene entscheidend zum Vorwärtskommen beitragen. Auch gesellschaftlich ist Small Talk wichtig: Einen netten Plauderer lädt man gern wieder ein.

Small Talk in der Beziehung

Wie wichtig das kleine Gespräch in der Partnerschaft ist, wissen wir alle. Denken Sie nur an die Horrorszenen aus Film

und Fernsehen, wo sich die Eheleute am Frühstücks- und
Mittagstisch, im Urlaub, nach Feierabend, vor dem Einschla-
fen oder nach dem Aufwachen anschweigen. Dann hagelt es
Vorwürfe von beiden Seiten. „Du redest nie mit mir!" „Deine
Zeitung ist dir wichtiger als ich!" „Mit dir kann ich eben nicht
über meine Arbeit reden!"

Die meisten Beziehungen gehen kaputt, weil die Partner
nicht gelernt haben, miteinander zu reden. Damit sind nicht
nur die großen Worte zu Heirat, Kinder und Haus gemeint.
Nein, es geht auch um den kurzen, freundlichen Dialog beim
Nachhause-Kommen, um die freundschaftliche Begrüßung,
die Frage nach dem Tagesverlauf des anderen – Small Talk
eben. Small Talk kann dazu beitragen, dass Ehen und Beziehungen lebendig bleiben und länger halten.

Wann Small Talk „verboten" ist

Natürlich gibt es Situationen, in denen ein Small Talk nicht
angebracht ist. Wenn sich zum Beispiel der beste Freund
eben von seiner langjährigen Partnerin getrennt hat, ist es
eine Todsünde, ein Gespräch über das Wetter zu beginnen.
Hören Sie auf Ihr Gefühl, den gesunden Menschenverstand,
um einschätzen zu können, ob Small Talk passt oder nicht.

Verlassen Sie sich auf Ihr gesundes Einfühlungsvermögen, um
zu erkennen, wann Small Talk nicht angebracht ist.

Small Talk ist nicht gleich Small Talk

Zaghafte, schüchterne oder im Small Talk unerfahrene Menschen drücken sich oft in Situationen um einen Small Talk, in

denen er nötig wäre. Nehmen wir die angesprochene Trennung: Der Freund will zwar nicht, dass Sie übers Wetter reden. Er erwartet jedoch, dass Sie in aller Kürze etwas zu seiner persönlichen Situation sagen.

Wenn Ihnen nichts einfällt, liegt das vermutlich daran, dass Sie sich unter Druck setzen: „Oje, was sage ich denn jetzt? Was könnte ihn trösten?" Vergessen Sie diese Stimmen im Kopf einfach. Fragen Sie sich stattdessen, was Sie an der Situation interessiert – und schon haben Sie Dutzende Fragen und Bemerkungen, mit denen Sie ein Gespräch unter Freunden beginnen können: Warum habt ihr euch getrennt? Wie fühlst du dich? Was hat sie gesagt?

Checken Sie die Erwartungshaltung des anderen

Es gibt noch eine Situation, in der Small Talk prinzipiell unangebracht ist: wenn konkrete Informationen von einem erwartet werden. Kennen Sie das? Ihr Gesprächspartner redet und redet – übers Wetter, die Familie, den Fußball. Und Sie warten fingertrommelnd darauf, dass der Dampfplauderer endlich mit dem Verkaufsbericht herausrückt.

> Fragen Sie sich: Erwartet der andere etwas Konkretes von mir? Wenn nicht: grünes Licht für Small Talk!

Small Talk für Anfänger

Die meisten Menschen kennen die Vorteile des Small Talk recht gut. Sie reagieren im Alltag oder in Seminaren meist so darauf: „Natürlich weiß ich, wie nötig und nützlich Small Talk ist, aber ich lerne das nie!" Dass sie sich selbst deshalb oft Vorwürfe machen, ist zwar verständlich, aber im Grunde unberechtigt. Haben Sie als Anfänger Nachsicht mit sich. Denn was Sie nicht gelernt haben, das können Sie auch nicht beherrschen.

So werden Sie Ihre Angst los

Wenn Menschen nicht gut plaudern können, liegt das meistens daran, dass sie Angst haben. Angst, sich zu blamieren, keine Worte zu finden, hängen zu bleiben ...

Erinnern Sie sich!

Sie können Ihre Ängste und Hemmungen relativ rasch loswerden, wenn Sie ein wenig in der Vergangenheit herumstöbern. Wann hatten Sie das letzte Mal so richtig Spaß in einer Gruppe oder mit einem anderen Menschen? Haben Sie dabei auch geredet? Mit Sicherheit. Ist Ihnen aufgefallen, wie locker, gelöst, sprachgewandt, witzig, schlagfertig, geistreich und zufrieden, ja glücklich Sie dabei waren?

Seltsam, nicht? Haben Sie in dieser Situation krampfhaft nach Worten gesucht? Haben Sie sich gefürchtet, hängen zu bleiben oder etwas Dummes zu sagen? Haben Sie dabei eine Sprechhemmung gehabt? Nein, gewiss nicht. Warum nicht? Aus einem ganz einfachen Grund: Jeder ist ein Small Talk-Genie – in ganz bestimmten Situationen. Warum? Auch das hat einen simplen Grund: Sie haben Interesse.

Die Essenz des Small Talks

So einfach ist das. Interesse ist die Essenz des Small Talks. Wenn Sie Interesse für etwas haben, wissen Sie immer, was Sie sagen sollen. Vor allem: Dann haben Sie keinerlei Angst, keinerlei Hemmungen mehr vor einem Gespräch. Oder ist es Ihnen schon mal passiert, dass Sie sich brennend für eine Mallorca-Reise interessierten und nicht wussten, was Sie mit der Angestellten im Reisebüro reden sollen? Gewiss nicht.

Interesse überwindet jede Sprechbarriere. Sobald Sie genügend Interesse aufbringen, wird jede Hemmung verfliegen, und es wird Ihnen jedes Gespräch gelingen.

Entdecken und kultivieren Sie Ihr Interesse

Um Ihre Sprechhemmungen zu überwinden, müssen Sie also erst einmal Interesse an einem Thema oder an einer Person aufbauen. Dann werden Sie Ihre Angst zu sprechen buchstäblich vergessen. Wenn das Interesse größer ist als die Angst, verschwindet sie.

Das interessiert mich aber nicht!

Viele Menschen stoßen bei Ihren Überlegungen auf ein überraschendes Hindernis: „Ich muss mich beim Opernabend mit den Leuten unterhalten können – aber ich interessiere mich nun mal nicht für Opern!"

Uns Menschen ist die Neugier angeboren. Denken Sie nur an die neugierigen Fragen eines Dreijährigen! In diesem Alter waren wir alle unerschöpflich neugierig. Diese Neugier ist im Laufe unseres Lebens nicht verschwunden, nur verschüttet. So seltsam es klingt: Die meisten Menschen wissen lediglich nicht mehr, was sie interessiert. Sie müssen ihre Interessen erst wieder neu entdecken.

Wofür interessieren Sie sich?

Jeder Mensch hat ganz spezifische Interessen. Folgende Fragen helfen Ihnen das herauszufinden, bevor Sie sich mit jemandem unterhalten. Ihr Gegenüber interessiert sich zum Beispiel

- für Sachthemen: Was weiß der, mit dem ich gleich reden muss, über ein Thema, das mich interessiert?
- für Menschen: Was ist sie für eine Person? Was mag sie, was nicht? Was liest, sieht, hört, isst sie gern?
- für Emotionen: Wie geht es ihm? Wie fühlt er sich? Warum sieht er so bedrückt oder fröhlich aus? Was denkt er über dies oder jenes?

Wofür interessieren Sie sich? Überlegen Sie mal. Es dürfen ruhig mehrere Interessen sein. Je mehr, desto besser.

> Halten Sie Ihre Hauptinteressen als Rettungsanker für den Small Talk bereit. Wann immer Sie in Schwierigkeiten geraten, besinnen Sie sich darauf. Damit lösen Sie jede Sprechhemmung.

Kein Fortschritt ohne Neugier

Haben Sie keine Scheu vor Neugier! Sie ist die Triebfeder aller wesentlichen Fortschritte. Einstein beispielsweise hat die

Relativitätstheorie nicht aus Langeweile entwickelt, sondern weil er neugierig war. Je neugieriger Sie sind, desto besser für Sie und Ihre Gesprächspartner. Selbst wenn die Oper Sie nicht interessiert, können Sie sich für die Besucher, die Kostüme, die Snacks in der Pause und vieles mehr interessieren.

Interesse zu entwickeln heißt nicht, andere auszufragen. So klug sind wir alle, dass wir eine gesunde, erfrischende Neugier von einem KGB-Verhör unterscheiden können. Man kann auch auf höfliche Weise neugierig sein. Insbesondere den Älteren unter uns hat man im Elternhaus eingetrichtert: „Sei nicht so neugierig!" Man hat uns suggeriert, dass Neugier etwas Unanständiges sei. Das Gegenteil ist der Fall: Neugier bedeutet, dass Sie sich für etwas oder für einen Menschen interessieren. Und das schmeichelt dem anderen. Jeder möchte beachtet werden, Aufmerksamkeit erlangen. Also: Seien Sie neugierig. Die Menschen um Sie herum mögen das.

Probieren Sie es aus!

Machen Sie die Probe aufs Exempel. Denken Sie an einen Menschen, den Sie nachher oder morgen mit hoher Wahrscheinlichkeit treffen werden und mit dem Sie bislang nie oder selten ein Wort gewechselt haben. Suchen Sie sich dafür jedoch nicht gleich einen „Problemkunden" wie den Vorstandsvorsitzenden Ihrer Firma oder Ihren heikelsten Nachbarn aus.

Auch für Ihr Small Talk-Training gilt: Beginnen Sie klein. Vom Leichten zum Schwierigen.

Wählen Sie zum Beispiel den Schaffner im Zug, einen Mitreisenden in der S-Bahn, eine fremde Kollegin, einen Bekannten
etc. Dann fragen Sie sich:

— Wo hake ich bei ihm oder ihr ein?

— Was interessiert mich an ihm oder ihr?

— Was interessiert mich, das er oder sie wissen könnte?

Formulieren Sie eine unverbindliche Frage oder eine höfliche
Bemerkung – und schon haben Sie einen Gesprächsanfang.
Wie Sie das Gespräch weiterführen, das sehen wir uns später
an (Seite 41).

Verabschieden Sie Ihre Hemmungen

Es gibt Menschen, die von sich sagen: „Ich kann einfach nicht
frei und ungezwungen reden!" Ich verstehe, wenn Sie so
denken und fühlen. Vor allem, wenn Sie gerade einen interessanten Menschen kennen gelernt und wieder kein vernünftiges Wort herausgebracht haben.

Die Gedanken machen sich selbstständig

Warum gelingt uns in Situationen, in denen es „drauf ankommt", meist kein vernünftiger Satz? Das hat einen einfachen Grund: unsere Gedanken und Sorgen über uns und die
Situation.

Was geht Ihnen im entscheidenden Moment durch den Kopf?

Denken Sie an eine Situation, in der es Ihnen bisher schwer fiel oder gar nicht gelang, einen Small Talk zu führen. Stellen Sie sich den oder die konkreten Gesprächspartner vor, mit denen Sie besondere Schwierigkeiten hatten, ins Gespräch zu kommen. Welcher Gedanke schießt Ihnen dazu automatisch durch den Kopf? Meist sind es Gedanken wie:

– „Worüber soll ich bloß mit ihm reden?"

– „Ich muss eine gute Figur machen."

– „Was soll er von mir denken, wenn ich ... „

Welche Gedanken gehen Ihnen noch durch den Kopf? Sie wissen inzwischen, dass Sie mit Hilfe einer gesunden Neugier auf Personen und Dinge jede Small Talk-Situation meistern können. Doch genau dieses rettende Interesse wird durch solch negative Gedanken unterdrückt. Wer Angst hat, sich zu blamieren, kann keine gesunde Neugier entwickeln. Die Furcht vor Ablehnung und Blamage ist stärker als das Interesse. Wann immer Ihnen solche Gedanken durch den Kopf gehen, besinnen Sie sich also auf Ihr Interesse an Ihrem Gegenüber oder an der Situation.

Wettstreit zwischen Gedanken und Interesse

Dazu reicht es schon aus, dass Sie Ihre Aufmerksamkeit auf Ihre Gedanken richten und sie als solche identifizieren: Es sind Gedanken, Ängste – keine Tatsachen. Machen Sie sich bewusst, dass diese Gedanken das lähmen, was Sie weiterbringen könnte. Machen Sie sich klar, was Sie diese Gedanken kosten. Konzentrieren Sie sich dann auf Ihr Interesse an Situation oder Gesprächspartner, und die Gedanken werden verschwinden.

Dieser Wettstreit zwischen Ihren Ängsten vor Zurückweisung und Blamage einerseits und Ihrem rettenden Interesse andererseits wird immer stattfinden. Selbst erfahrene Small Talker werden von Sorgen heimgesucht. Doch im Gegensatz zum Anfänger wissen sie, wie sie damit umgehen können: Sie tragen diesen Wettstreit bewusst aus und verhelfen ihrem Interesse zum Durchbruch.

> Versierte Small Talker lassen sich nicht durch die Stimmen im Kopf aus dem Konzept bringen.

Allheilmittel Interesse

Natürlich ist mangelndes Interesse nicht der einzige Grund für Hemmungen beim Small Talk. Einige weitere Gründe behandeln wir in diesem Kapitel ausführlich: die Stimmen im Kopf, die Furcht vor dem worst case, die Einflüsterungen des inneren Kritikers, überzogene Erwartungen, um nur einige zu nennen. Es gibt viele Gründe für die Small Talk-Angst. Das Interesse am Gegenüber oder dem Thema hilft in vielen Fällen.

Es gibt viele Ursachen für Sprechhemmungen. Aber nur ein Mittel, das zugleich einfach, praktikabel, effizient und effektiv ist: aufrichtiges Interesse.

Besänftigen Sie die Stimmen in Ihrem Kopf

In vielen Situationen würden Sie Ihrem natürlichen Interesse am Small Talk liebend gern Vorrang geben. Doch wie soll das gehen, wenn Ihnen ständig Gedanken durch den Kopf spuken wie:

— „Warum soll er sich mit mir abgeben?"

— „Ich habe doch viel weniger Ahnung davon als er!"

— „Sie ist so toll und ich bin bloß eine kleine Verkäuferin!"

Treiben Sie es ad absurdum!

Diese Stimmen, Gedanken oder Gefühle haben mit dem Selbstwertgefühl zu tun und sagen mehr oder weniger: „Ich bin es nicht wert, dass er/sie mit mir redet."

Nehmen Sie den störenden Gedanken ruhig wahr, denken Sie ihn aber weiter: „Ich bin nur ein Sachbearbeiter und er der große Finanzvorstand. Also wird er sich nicht mit mir unterhalten." Wenn Sie den Gedanken bis an diese Stelle fortspinnen, erkennen Sie, wie absurd er ist: Eine Führungskraft verweigert ein belangloses Gespräch mit einem Mitarbeiter? Unwahrscheinlich, denn gerade beim Small Talk spielen fachliche Kompetenz oder Hierarchien keine große Rolle, sondern das Interesse, dass Sie jemandem entgegenbringen.

Das Worst Case-Szenario

Wenn uns der Mut für ein Gespräch fehlt, liegt das meist daran, dass wir keine Zurückweisung riskieren wollen. Also lassen wir es lieber gleich. Es gibt bessere Lösungen!

Was kann schon passieren?

Das Problem an der Angst vor der Zurückweisung ist, dass die Angst schlimmer ist als die Zurückweisung.

Warum sprechen wir einen interessanten Menschen nicht an, wenn wir ihn sehen? Weil wir die Abfuhr fürchten. Wenn Sie diese Angst bei sich entdecken, fragen Sie sich: Was kann schlimmstenfalls passieren? Sie werden sich wundern.

Denn selbst wenn wir uns die schlimmste Zurückweisung ausdenken, fällt uns dabei auf: Es tut nicht weh wie ein gebrochenes Bein. Ich werde weder Gesundheit noch Job dabei verlieren. Es kostet mich kein Vermögen. Damit reduziert sich die Furcht bereits beträchtlich.

Was aber, wenn andere über Sie lachen? Dann lachen Sie mit und sagen: „Tja, ging gründlich schief. So ist das Leben. Wenigstens habe ich's probiert." Im Gegensatz zu den Lachern – und damit sind Sie derjenige, der zuletzt lacht.

Die Angst vor der Blamage

Stellen Sie sich den schlimmsten Fall vor: Was könnte schlimmstenfalls passieren, was könnte der andere sagen, von Ihnen denken? Dann stellen Sie sich vor, wie Sie überlegen und abgeklärt darauf reagieren werden. Sobald Sie sich dieses „Hintertürchen" für den worst case ausgedacht haben, verschwindet die Angst. Denn selbst wenn es in der Gesprächssituation zum Schlimmsten kommen sollte, wissen Sie, was Sie tun müssen.

Das ist es nämlich, was unsere Angst verstärkt: Meist fürchten wir noch mehr als die Blamage selbst, dass wir nicht mit ihr umgehen können.

> Wenn Sie wissen, wie Sie mit einer Situation umgehen können, verschwindet die Angst davor.

Den inneren Kritiker managen

Wie wir gesehen haben, schwirrt uns der Kopf vor einem kleinen Gespräch nur so vor hemmenden Gedanken. Doch auch während eines Gesprächs kommen solche Gedanken immer wieder hoch:

— „Was rede ich denn da wieder?"

— „Meine Güte, das versteht doch keiner!"

— „Schon wieder verhaspelt – ich blamiere mich!"

Diese Gedanken lassen sich auf einen Nenner bringen: „Was ich sage, ist nicht gut genug!" Das sind typische Gedanken des inneren Kritikers. Sie halten viele Menschen davon ab, sich an einem Gespräch zu beteiligen. Oder sie verleiten sie dazu, dies nur sehr gehemmt zu tun. Jeder von uns kennt den inneren Kritiker.

Vertrauen Sie diesbezüglich nur einem Urteil: dem Ihres Gesprächspartners.

Was der innere Kritiker sagt, entspricht meistens nicht der Realität. Das sieht man an den Reaktionen der Zuhörer: Während der Sprechende sich gerade schlimmste Selbstvorwürfe macht, hängen die Zuhörer an seinen Lippen. Ihnen ist es nämlich egal, wie oft er sich verhaspelt. Sie sind nur an dem interessiert, was er zu sagen hat. Außerdem verhaspeln sie sich genauso oft.

Niemand will ein perfektes Gespräch

Die Menschen möchten sich mit Ihnen unterhalten – das ist alles. Tun Sie ihnen den Gefallen. Wann immer also der innere Kritiker wieder meint: „Das ist nicht gut genug formuliert!", erwidern Sie: „Mag sein, doch das spielt keine Rolle. Schau dir die Leute an – die haben ihre Freude an dem Gespräch. Also lass mich in Ruhe!" Wenn wir uns konstruktiv mit ihm auseinander setzen, schweigt der innere Kritiker – und meldet sich in Zukunft immer seltener zu Wort.

Stellen Sie keine zu hohen Ansprüche

Viele Menschen, die aufgrund ihrer beruflichen Position Small Talk führen müssten, schaffen es nicht. „Das ist alles so banal und abgedroschen! Ich kann es nicht glauben, dass Menschen sich mit solchen Plattheiten abgeben!", sagen sie.

Mit dieser Einstellung im Hinterkopf ist kein Small Talk zu machen; da helfen alle Tipps der Welt nicht. Sie brauchen eine positive Haltung. Wenden Sie zur Verwandlung einer negativen Einstellung in eine positive dieselbe Technik an wie bei der Überwindung des inneren Kritikers: Diskutieren Sie den hinderlichen Gedanken mit sich.

Positive Einstellungen finden

Das geht etwa so: „Stimmt, das ist alles super oberflächlich. Aber deshalb machen die Menschen doch Small Talk! Nicht um schweißtreibend tief zu schürfen, sondern um sich zu entspannen."

Wenn Sie nichts für das Small Talk-Motiv Entspannen übrig haben, suchen Sie nach einem anderen Motiv: Kontakte knüpfen und pflegen, interessante Informationen herausfinden, Spannungen abbauen und ein gutes Gesprächsklima für weitere Kommunikation schaffen. Sie werden bald feststellen, dass Small Talk viel Spaß macht, auch wenn er an der Oberfläche bleibt.

So plaudern Sie souverän

Der Anfang ist mitunter das Schwerste am Small Talk. Aber auch, wenn das Gespräch ins Stocken gerät, helfen einige Techniken schnell weiter.

In diesem Kapitel lesen Sie, wie Sie

- den Small Talk beginnen (S. 34),
- auf Partys und Empfängen mit Gruppen ins Gespräch kommen (S. 38),
- ein gemeinsames Thema finden (S. 43),
- den Small Talk am Laufen halten (S. 48) und
- ihn beenden bzw. zum eigentlichen Thema überleiten (S. 49).

Wie gelingt der „Kaltstart"?

Die richtige Einstellung ist die halbe Miete

Die größten Hemmungen haben angehende Small Talker erfahrungsgemäß beim „Kaltstart": „Ich habe diesen Menschen noch nie gesehen und soll jetzt mit ihm reden? Unmöglich! Über was denn?"

Das Glas ist halb voll, nicht halb leer

Erfahrene Small Talker denken anders: „Ich habe ihn noch nie gesehen – also gibt es wahnsinnig viel, das ich über ihn herausfinden kann! Toll!" Mit dieser Einstellung läuft es beim Small Talk schon fast wie von allein, denn die Neugierde ist dabei ein guter Motor.

Was interessiert Sie?

Wenn Sie im Stress des Erstkontaktes nicht in der Lage sind, auf „positive Einstellung" umzuschalten, behelfen Sie sich wie folgt: Fragen Sie sich, was Sie an Ihrem potenziellen Gesprächspartner interessiert. Das kann selbst bei einem Menschen, den Sie kaum oder gar nicht kennen, eine ganze Menge sein:

- „Lieber Herr Meier, mein Chef hat Sie angekündigt – aber mehr als Ihren Namen weiß ich nicht von Ihnen. Das hat mich neugierig gemacht: Was ist der Zweck Ihres Besuches? Wo arbeiten Sie? Was tun Sie dort?"

- „Ich weiß eigentlich nur über Sie, dass Sie in der IT-Branche arbeiten. Was genau tun Sie denn?" Oder: „Erzählen Sie mir ein bisschen mehr?"

Und schon hat ein interessantes Gespräch begonnen!

Verzichten Sie auf auswendig gelernte Floskeln

Es gibt Menschen, die fühlen sich beim Small Talk so unsicher, dass sie Sätze wie die obigen auswendig lernen und dann abspulen, um sich zu retten. Sie erreichen damit das Gegenteil dessen, was Sie erreichen wollen.

> Small Talk pflegen Sie nicht mit Floskeln, sondern mit Interesse.

Floskeln sind ein zweischneidiges Schwert

Zwar bringen auch Floskeln ein Gespräch in Gang. Doch es wird bald wieder versiegen. Denn Ihr Gesprächspartner bemerkt schnell, dass Sie kein echtes Interesse an ihm haben und lediglich Floskeln verwenden. Wundern Sie sich deshalb nicht, wenn er ernüchtert oder verärgert reagiert und kein Interesse an dem Gespräch hat.

Wenn Sie einen der Mustersätze in diesem Buch benutzen, dann interessieren Sie sich für die Antwort am besten so, als würde Ihr ganzes Glück davon abhängen. Keine Floskel der Welt kann ein Gespräch aufrechterhalten. Das kann nur Ihr Interesse (zum Thema Floskeln mehr auf Seite 97).

Standard-Gesprächsstarts

Manchmal ist man nicht in der Lage, einen Einstieg zu finden. Dann hilft der Blick auf Standardthemen.

Mit Standardthemen gekonnt einsteigen

- Knüpfen Sie an Feiertage oder die Jahreszeit an: „Na, waren Sie schon im Urlaub?" „Die Feiertage gut überstanden?"

- Sprechen Sie etwas Auffälliges an: „Was für einen Pokal haben Sie denn da im Regal?" „Ein schönes Jackett – sieht aus, als ob es aus Italien käme!"

- Sprechen Sie aktuelle Themen an: „Haben Sie gelesen, dass das neue Museum doppelt so teuer werden soll wie geplant?"

- Viele Männer reden gern über Sport. Machen Sie sich das zunutze: „Freuen Sie sich auch schon auf die nächste Fußballweltmeisterschaft?" Wenn sich Ihr Gesprächspartner nicht für Sport interessiert, machen Sie das zum Thema: „Ach, Sie finden Fußball albern? Welche Sportarten mögen Sie?"

- Bitten Sie um Informationen (Uhrzeit, Richtung, Weg): „Wissen Sie, ob der Zug Verspätung hat?" Im Anschluss daran: „Wo fahren Sie hin?" Diese Anknüpfung ist eine der besten: Denn kein Mensch lehnt eine so minimale Hilfe ab.

- Die meisten Menschen reden gern über das Wetter – als Start also ideal! Und unversehens sind Sie bei Themen

wie dem letzten Urlaub oder den Plänen für das Wochenende.

- Bieten Sie jemandem eine Zigarette an oder fragen Sie
nach Feuer – der am häufigsten benutzte Kaltstarter für
Small Talk. Selbst wenn der andere nicht raucht, ist man
im Gespräch: „Oh, Sie rauchen nicht? Na, ich will es mir
unbedingt abgewöhnen ..."

Voraussetzungen für den Kaltstart

Meistens weiß man, wann einen Kaltstarts erwarten könnten.
Also legen Sie sich am besten schon mal drei entsprechende
Themen bzw. Eröffnungen zurecht. Das verleiht Sicherheit.

Über diese Themen müssen Sie selbstverständlich reden wollen und können. Wenn Sie das Wetter nicht interessiert,
wählen Sie etwas anderes. Es gibt genug. Sie haben die freie
Auswahl.

Haben Sie Mut zur Wissenslücke

Wenn Sie sich in Bezug auf ein Thema nicht besonders gut
auskennen, ist das kein Hinderungsgrund. Manchmal trifft
sogar das Gegenteil zu. Denn viele Gesprächspartner sind
entzückt, wenn sie jemanden treffen, dem sie alles, was sie
zu einem bestimmten Thema wissen, erzählen können.

Schenken Sie Aufmerksamkeit

Small Talk-Profis stellen sich oft sogar absichtlich naiv, damit
der andere sich profilieren kann. Er wird Ihnen dankbar sein.

Gute Verkäufer kennen das. Sie haben daraus einen etwas zynischen Spruch abgeleitet: „Wenn Sie jemandem Geld schenken, gewinnen Sie seine Aufmerksamkeit. Wenn Sie ihm Ihre Aufmerksamkeit schenken, gewinnen Sie sein Geld." Dieser Leitsatz lässt sich auf den Small Talk übertragen: Schenken Sie Ihrem Gegenüber Ihre Aufmerksamkeit, und Sie gewinnen sein Interesse an Ihnen.

Gespräche auf Partys, Empfängen, Kongressen

Zu Gruppen Kontakt aufnehmen

Wenn zahlreiche Menschen in einem Raum sind, haben viele Menschen Hemmungen, in ein Gespräch einzusteigen. Wollen Sie jemanden ansprechen, der allein dasteht oder -sitzt, können Sie den Kaltstart nutzen (Seite 34). Was aber, wenn es eine Gruppe ist? Stellen Sie sich einfach dazu – und schweigen Sie. Sie wissen schließlich nicht, worum es gerade geht.

> Stellen Sie sich zur Gruppe, und zeigen Sie das Markenzeichen jedes Small Talkers: ungeteilte Aufmerksamkeit.

Signalisieren Sie Aufmerksamkeit

Was ist Aufmerksamkeit? Nicken, Mitlachen, Mitschmunzeln, Mitärgern oder Äußerungen wie „Hm", „Ja, genau", „Sage ich auch immer", „Wie meinen Sie das?" „Na, ist vielleicht ein wenig hart formuliert". Nehmen Sie die Stimmung der Gruppe wahr.

Die Gruppe empfindet das nicht als Anbiederung. Sie hat Sie argwöhnisch aus den Augenwinkeln heraus beäugt und denkt nun: „Entwarnung! Das ist einer von uns! Der interessiert sich für uns und unser Thema. Herzlich willkommen bei uns!" Sie werden es an Ihnen zugewandten Blicken, Lächeln und Gesten der anderen bemerken: Jetzt sind Sie akzeptiert! Und genau das wollten Sie erreichen.

Probleme beim „Andocken" an Gruppen

Was tun Sie, wenn das Gesprächsthema der Gruppe, zu der Sie sich gesellt haben, für Sie Neuland ist? Nutzen Sie die Chance, etwas dazuzulernen. Hier einige Beispiele, wie Sie mit dieser Situation umgehen könnten:

- Sie können Ihre Wissenslücke offenbaren: „Entschuldigung, ich bin leider ein Laie, wenn es um Motoren geht. Aber was Sie gerade sagten, interessiert mich sehr. Was genau ist denn ein Common Rail?" Der angesprochene Experte wird Ihnen dankbar sein, dass Sie ihm die Gelegenheit geben, ein bisschen zu glänzen.

- Sie können eine intelligente Frage stellen: „Was bringt einer normalen Autofahrerin wie mir ein Common Rail?"

- Sie zeigen sich beeindruckt: „Woher wissen Sie denn das alles? Das ist ja wirklich beeindruckend!"

Wenn sich jemand über Sie lustig macht

Viele Neulinge im Small Talk wagen nicht zu fragen, weil sie die Blamage fürchten – und den Kommentar: „Was? Sie wissen nicht, was ein Common Rail ist? Aber das weiß man doch!"

Gehen Sie nicht in die Defensive

Für den Fall, dass so etwas – obwohl es relativ unwahrscheinlich ist – geschieht, können Sie sich gedanklich vorbereiten. Verteidigen Sie sich auf keinen Fall so: „Ich bin doch kein Mechaniker. Ich kann das doch gar nicht wissen!" Das zeigt nur, dass Sie sich angegriffen fühlen.

Legen Sie sich stattdessen eine offensive Erwiderung zurecht. Hier einige zur Auswahl – mit aufsteigender Schlagkraft:

- „Nein, ich weiß es nicht. Was ist es denn?"

- „Tja, stellen Sie sich vor, ich weiß es tatsächlich nicht. Erklären Sie es mir?"

- „Oh, jetzt habe ich Sie in Verlegenheit gebracht. Das wollte ich nicht. Sie müssen mir das nicht erklären, wenn Sie es nicht wissen." Der „Angreifer" wird sich beeilen, es Ihnen zu erklären. Denn sonst wäre er vor allen blamiert.

Langweilige Themen

Bitte gedanklich nicht abschweifen!

Manchmal müssen Sie aus unterschiedlichsten Gründen bei einer Gruppe verweilen, die ein aus Ihrer Sicht schrecklich langweiliges Thema bespricht. Wenn Ihre Versuche misslingen, das Gespräch auf ein anderes Gebiet zu lenken, dann schweifen Sie gedanklich trotzdem nicht ab: Die anderen bemerken das und sind verstimmt. Und das wollen Sie sicherlich nicht.

So peppen Sie auch das langweiligste Thema auf

Es gibt einen Trick, selbst das langweiligste Thema interessant zu machen: Finden Sie heraus, weshalb sich die anderen dafür interessieren! Das kann eine der spannendsten Aufgaben überhaupt sein. Manchmal viel spannender als das tatsächliche Gespräch.

Fragen Sie sich: Warum findet ein Mensch Briefmarken interessant? Was muss er denken, fühlen, erlebt haben, um Spinnen zu sammeln? Wozu macht er das? Was gibt es ihm? Sie können diese Fragen ruhig laut stellen. Dadurch wird das Gespräch noch interessanter und fruchtbarer. Denn der andere merkt: Hoppla, der interessiert sich wirklich für mich!

Wie führen Sie ein rundes Gespräch?

Neulinge haben viele Fragen zum Small Talk – vom passenden Thema über den idealen Gesprächsverlauf bis zum Gesprächsende. Hier sind die häufigsten Fragen mit den passenden Antworten.

Was, wenn ich etwas Falsches sage?

Hinter dieser Frage stecken weit verbreitete Versagensängste, die uns daran hindern, andere anzusprechen: Was, wenn ich etwas Falsches sage? Ja – was denn? Wird man mir den Kopf abreißen? Wird mein Chef nie wieder mit mir reden? Wenn Sie sich solche Fragen stellen, nimmt die Angst schon ab. Denn Sie wissen, dass dies nicht eintreten wird. Denken Sie an das Worst Case-Szenario (Seite 28).

> Angst ist häufig ein abstraktes Gefühl. Sie verschwindet oft, wenn Sie sie konkretisieren.

So reagieren Sie, wenn Sie etwas Falsches gesagt haben

Überlegen Sie sich vorab Lösungen, wie Sie aus der Bredouille herauskommen können. Zum Beispiel: „Wenn ich …

- … etwas sachlich Falsches sage, kann ich erklären: ‚Tut mir Leid, aber das wusste ich nicht. Danke für den Hinweis.‘"

- … etwas sage, das mein Gegenüber aufbringt, kann ich mich entschuldigen: ‚Ich wollte Sie damit nicht angreifen. Ich wusste nicht, dass Ihnen das nahe geht.‘"

- … etwas sage, das mir sofort Leid tut, gestehe ich das: ‚Entschuldigung, das ist mir jetzt so rausgerutscht. Ich habe einfach nicht gründlich nachgedacht.‘"

Man muss nicht immer das „Richtige" sagen

Machen Sie sich bewusst, dass es beim Small Talk nicht darauf ankommt, immer richtig zu liegen. Viele sagen im kleinen

Plausch etwas „Falsches". Aber niemand regt sich darüber auf. Denn beim Small Talk kommt es hauptsächlich darauf an, das Gespräch in Gang zu halten.

Oft gelingt das sogar dann am besten, wenn Sie etwas „Falsches" sagen oder Wissenslücken eingestehen: „Was? Der Spitzensteuersatz liegt in Deutschland unter sechzig Prozent? Das wusste ich nicht. Warum beklagen sich dann alle über eine zu hohe Einkommenssteuer?" Und schon sind Sie mitten in einer herrlichen Diskussion!

Also: Nur zu, trauen Sie sich. Sagen Sie ruhig etwas Falsches, gestehen Sie eine Wissenslücke – und machen Sie dann Small Talk über die Wissenslücke.

Wie findet man ein gemeinsames Thema?

Small Talk-Neulinge fürchten oft, dass man sich verlegen anschweigt, weil man kein gemeinsames Thema findet. Um das zu vermeiden, hilft der Kaltstart (Seite 34). Aber was, wenn Sie dabei zufällig ein Thema erwischen, das Ihr Gegenüber überhaupt nicht interessiert? Dann machen Sie eben seine Abneigung zum Thema! „Sie hassen Sport? Warum denn?" Auf Warum-Fragen bekommen Sie immer eine Antwort.

Und so hangeln Sie sich weiter. Er hasst Sport, weil er sich als Kind das Bein gebrochen hat und wochenlang liegen musste. Dabei hat er das Lesen als Hobby entdeckt. Sie wiederum sehen lieber fern, als dass Sie lesen. Neulich lief eine wunderbare Sendung über Wandbehänge – und ehe Sie sich versehen, sind Sie bei Gobelins gelandet und rufen beide: „Meine Güte, Sie interessieren sich auch für mittelalterliche Wandbehänge in Gutshäusern?"

> Um ein gemeinsames Thema zu finden, müssen Sie lediglich den Ball so lange am Laufen halten, bis Sie eines entdecken.

Natürlich kann es bei den ersten zwei, drei Sätzen zu Anfangsschwierigkeiten kommen. Das Gespräch läuft eben nicht auf Anhieb rund. Das ist normal. Wann immer zwei Menschen miteinander sprechen, müssen sie sich erst aufeinander einstimmen.

Gibt es „Universal-Eröffnungen"?

Zwei Fragen ermöglichen garantiert einen Kaltstart und eröffnen mit absoluter Sicherheit ein gemeinsames Thema. Sie werden darüber hinaus auch von allen Menschen im deutschsprachigen Raum hundertprozentig akzeptiert:

- Wenn Sie jemanden privat treffen: „Was machen Sie beruflich?"
- Wenn Sie jemanden beruflich treffen: „Was machen Sie so, wenn Sie nicht für die Firma arbeiten?"

Danach kommt ein Gespräch zustande, sofern Sie auch nur ein wenig Interesse an der Antwort des anderen mitbringen. Fragen Sie einfach weiter, bis Sie genau wissen, was er warum, wozu, wann, mit wem macht.

Sie hat ein exotisches Hobby

Sie wenden ein: „Aber was soll ich sagen, wenn sie eines dieser exotischen Hobbys hat, bei denen ich nicht mitreden kann?" Sie müssen nicht mitreden, sondern fragen. Es geht nicht um Mitreden. Es geht um Aufmerksamkeit, Interesse und Respekt. Und wir haben ja schon gesehen, dass sich Themen, von denen Sie nichts verstehen, hervorragend für den Small Talk eignen (Seite 39).

Wie finde ich heraus, was meinen Gesprächspartner interessiert?

Hören Sie zu, er sagt es Ihnen

Die meisten Neulinge denken verunsichert: „Aber ich weiß doch gar nicht, was ihn interessiert!" Das herauszubekommen ist eine der einfachsten Übungen: Hören Sie Ihrem Gegenüber genau zu! Denn das, worüber er redet, interessiert ihn auch. Fragen Sie sich nicht verzweifelt: „Welches Thema soll ich bloß anschneiden?" Drehen Sie den Spieß um. Lassen Sie den anderen das Thema finden. Das heißt, geben Sie ihm erst einmal Gelegenheit zu reden. Dann wird er Ihnen schon sagen, was ihn interessiert.

Viele Menschen gehen anders vor. Sie schneiden Thema A an: Das Gegenüber zeigt kein Interesse. Sie schneiden Thema B an: dito. Und so weiter. Sie versuchen, den anderen mit einem Thema zu beglücken, anstatt ihn selber eines wählen zu lassen. So entwickelt sich kein angenehmer, unterhaltsamer Small Talk.

Wie Sie den großen Schweiger zum Reden bringen

Wenn der andere ein Schweiger ist, wird er Ihnen vermutlich auch nicht indirekt mitteilen, was ihn interessiert. Dann nutzen Sie das, was Sie über ihn wissen oder an ihm sehen:

- Fällt Ihnen etwas an seiner Kleidung auf? Knüpfen Sie an: „Wie ich sehe, tragen Sie eine Bolo Tie ..."

- Er ist selbst im tiefsten Winter braun gebrannt: anknüpfen!

- Fährt er einen besonderen Wagen? Das Thema interessiert ihn garantiert.

- Worauf schaut sie besonders intensiv oder oft? Dann fragen Sie, ob/warum sie das interessiert.

- Was haben Sie über ihn gehört? Ist er ein begeisterter Golfer, Bastler, Sammler? Nutzen Sie diese Hinweise auf seine Interessen.

Viele Small Talk-Anfänger machen den Fehler, dass sie ein beliebiges Thema ansprechen und hoffen, dass es den anderen interessiert. Das ist ein reines Glücksspiel – und Sie liegen fast immer daneben.

Die bessere Methode, einen schweigsamen Menschen zum Reden zu bringen, ist, beim Zuhören oder Zusehen herauszufinden, wo die Interessen des anderen liegen.

Keine Lust auf Small Talk?

Was ist, wenn der andere sich nicht unterhalten will? Das wissen Sie nach dem ersten Anlauf noch nicht. Aber nach dem dritten. Geben Sie sich und dem anderen so viel Zeit. Danach können Sie das Gespräch ruhen lassen – weil es ihm so lieber ist. Sie können auch sicherheitshalber fragen: „Sie möchten sich jetzt lieber nicht unterhalten, oder?"

Wie baue ich ein Gespräch auf?

Eine häufige Frage, auf die es eine präzise Antwort gibt: gar nicht. Zumindest nicht genauso wie etwa eine Präsentation, die einer – je nach Anlass von Ihnen vorbereiteten und zielgerichteten – Struktur folgt.

Der entscheidende Unterschied: Präsentationen sind monologisch, Gespräche dialogisch. Gespräche werden gemeinsam geführt, der „Aufbau" eines Gesprächs besteht also darin, sich für den anderen zu interessieren, zu fragen, herauszufinden, was ihn interessiert, ein Klima des unbeschwerten Miteinander zu schaffen.

Lassen Sie das Gespräch fließen

Das ist doch gerade das Schöne am Small Talk! Man kommt vom Hundertsten ins Tausendste, von Zahnpflege zu Motoren und von Motoren zu Kochrezepten. Es gibt beim Small Talk eben keine Checkliste „7 Tricks, wie Small Talk gelingt". Nein, es ist viel einfacher: Lassen Sie das Gespräch fließen!

Wenn Ihnen das gelingt, entspannt Small Talk wunderbar. Man kann dabei abschalten, weil man sich vom Verlauf des Gesprächs mittragen lassen kann. Auch deshalb hat Small Talk eine Art therapeutische Wirkung.

> Beim Small Talk müssen Sie das Gespräch nicht aufbauen oder leiten.
> Entspannen Sie sich und lassen Sie es fließen.

Im Times Magazine wurde Mitte der Achtzigerjahre eine
Studie zitiert. Eine Gruppe von Managern ging zu einem
Psychotherapeuten, die Kontrollgruppe besuchte ebenso
regelmäßig eine Bar und pflegte den Small Talk. Nach sechs
Wochen waren bei leichten Neurosen in beiden Gruppen
erhebliche Verbesserungen bemerkbar. Na also!

Wie verhalte ich mich, wenn die Konversation stockt?

Eine Gesprächspause ist keine Katastrophe. Sie bedeutet
einfach, dass das Interesse der Gesprächspartner am aktuellen Thema ruht oder auch erloschen ist. Sie können es mit
einer Zusatzfrage wieder wecken oder einfach zu einem
anderen interessanten Thema wechseln.

Machen Sie den Grund des Schweigens zum Thema

Wenn Sie über großes Einfühlungsvermögen verfügen, können Sie versuchen, den Grund für die Pause zu erspüren und
dann zum Thema zu machen. Hier ein paar Beispiele:

- „Schon erschütternd, so ein Unfall, nicht?"
- „Tja, da bleibt man als Betroffener stumm zurück."
- „Ach, schon anstrengend, dieses leidige Steuerthema."

Geraten Sie nicht in Panik

Wenn ein Gespräch stockt, geraten viele Small Talk-Neulinge in Panik und denken: „Oje, was muss ich jetzt sagen? Worüber können wir denn noch reden?" Mit solchen Gedanken blockieren Sie sich nur. Sie setzen sich so unter Druck, dass Ihnen nichts Sinnvolles einfällt.

Fragen Sie sich nicht, „Was kann ich jetzt sagen?", sondern „Was interessiert mich noch?" Das kann ...

- ... etwas aus dem bisherigen Gespräch sein: „Sie sagten doch vorhin, dass ... Darf ich Sie dazu noch etwas fragen?"

- ... etwas Gesprächsverwandtes sein: „Zum Thema Pannen fällt mir immer die Pannenhilfe ein. Ich weiß nicht: Bringt es wirklich was, wenn ich ADAC-Mitglied werde?"

- ... etwas völlig Neues sein: „Mal was ganz anderes: Haben Sie schon den neuen Geschäftsbericht gelesen?"

> Selbst wenn Ihnen gar nichts mehr zu einem Thema einfällt – eines bleibt immer: fragen.

Wie wechsle ich zum eigentlichen Thema?

Im Normalfall endet der Small Talk ganz von allein, wenn alle Beteiligten wissen, dass man noch etwas „Ernsthaftes" zu bereden hat. Sollten Sie Angst haben, dass der Plausch ausufert, haben Sie eine perfekte Möglichkeit, das zu unterbinden: Sorgen Sie dafür, dass jeder Gesprächsbeteiligte vorher weiß, dass man nachher noch etwas Wichtiges zu besprechen hat. Etwa so: „Hallo, Herr Meier, wir wollen ja heute über das neue Projekt sprechen. Aber was mich zunächst natürlich brennend interessiert: Wie war's denn im Urlaub?"

Nonverbale Signale

Sollte trotzdem jemand einfach kein Ende finden, reichen meist schon nonverbale Signale aus, um ihn zum Thema zu bringen. Je nach Situation lassen sich mehr oder weniger dezent einsetzen:

— ungeduldige Blicke

— längeres Schweigen

— demonstrativer Blick auf die Uhr

In sehr hartnäckigen Fällen kann man auch zu weniger höflichen Mitteln wie auffälligem Räuspern greifen.

So leiten Sie zum eigentlichen Thema über

Neulinge konstruieren oft künstlich ein Dilemma, indem sie sich verkrampft fragen: „Aber wie leite ich denn nun konkret vom Small Talk zum eigentlichen Thema über?" Ganz einfach: mit einem eindeutigen Satz. Variieren Sie je nach Situation:

- „Ach, es ist immer schön, über den Urlaub zu sprechen ... Aber jetzt zum eigentlichen Thema."

- „Hm, wir sollten uns noch kurz über Ihre neue Monatsbestellung unterhalten."

- „Eigentlich sollten wir noch über die Sache Müller reden."

- „Ich könnte stundenlang übers Reiten plaudern. Aber eines wollte ich noch wissen: Wie hoch ist denn nun der Rechnungsbetrag?"

- „Lieber Herr Schmidt ..." Wer seinen eigenen Namen hört, schweigt erst einmal. Er weiß dadurch, dass etwas Wichtiges folgt. Sprechen Sie dann einfach weiter: „Wir sollten unbedingt noch ..."

- „Es ist richtig nett, mit Ihnen zu plaudern. Aber jetzt ..."

- „Das war ein sehr anregendes Gespräch. Könnten wir ..."

Wie beende ich ein Gespräch?

Nehmen Sie einfach die Gelegenheit dazu wahr! Bei den meisten Small Talks ist es nämlich deutlich spürbar, wenn sie zu Ende gehen. Zum Beispiel, wenn eine Pause eintritt. Wenn Sie oder Ihr Gesprächspartner genug haben, bringen Sie einfach eine beziehungspflegende, wertschätzende und freundliche Abschiedswendung an, wie wir sie eben bereits angeschnitten haben, und gehen Sie danach zu den üblichen Abschiedsgrüßen über:

- „Es war schön, mal wieder mit Ihnen zu plaudern. Also dann – bis zum nächsten Mal!"

- „Nach so einem anregenden Gespräch noch zu arbeiten – aber es hilft nichts, ich muss wieder ran."

- „Ja, ja, so ist das halt. Übrigens, wann sehen wir uns wieder? Bei der Teamsitzung? Also, bis dann!"

So meistern Sie heikle Situationen in der Familie

Small Talk in der Familie? Ja, denn gerade in der Familie geht es darum, schwierige Situationen im Alltag mit einem beziehungsfördernden Gesprächsangebot zu meistern. Und gerade in der Familie ist oft nicht genügend Zeit für tiefschürfende Gespräche. Weshalb in vielen Familien – zwischen den Partnern oder mit den Kindern – nicht besonders oft oder viel miteinander gesprochen wird. Small Talk ist ein hervorragendes Mittel, das zu ändern. Gelegenheiten dazu gibt es viele, Sie müssen sie nur wahrnehmen.

Das große Schweigen am Frühstückstisch

Der häusliche Tisch ist bei jeder Mahlzeit ein potenzielles Katastrophengebiet, was die Kommunikation betrifft. Wie sich die Menschen hier gegenseitig anschweigen und auf die Nerven gehen, das ist schon legendär. Ein Familientherapeut sagte einmal: „Die meisten Ehen gehen am Frühstückstisch und im Urlaub kaputt." Da ist was dran!

Jede Beziehung braucht Kommunikation

Die Sprachlosigkeit in Beziehungen, nachdem die erste heiße Phase dem Alltag gewichen ist, ist erschütternd. Nach einem Jahr in diesem Zustand hat man sich auseinander gelebt. Kein Wunder, man redet ja nicht mehr miteinander.

Viele glauben, man redet nicht mehr miteinander, weil man sich auseinander gelebt hat. Das Gegenteil ist der Fall: Man hat sich auseinander gelebt, weil man nicht mehr miteinander redet.

Reden stärkt jede Beziehung. Damit ist nicht nur das Gespräch über Kinderwünsche, Hausbau oder den Alterssitz auf Ibiza gemeint – also „große" Themen. Was eine Beziehung auch am Leben erhält und ihr täglich Frische verleiht, das sind die kleinen Gespräche zwischen Tür und Angel, vor und nach der Arbeit oder eben am gemeinsamen Tisch.

So knüpfen Sie ein Gespräch mit Ihrem Partner an

Es geht nicht darum, dass man wartet, bis sich ein Gespräch „ergibt". Gespräche ergeben sich höchst selten von allein – man muss schon etwas dafür tun. Suchen Sie das Gespräch mit dem Partner. Gerade für das Tischgespräch gibt es eine Vielzahl von Anknüpfungspunkten:

- Nachtruhe: „Wie hast du geschlafen?" „Hat dich dieser Lärm um eins auch geweckt?"

- Wetter: „Ziemlich frisch heute Morgen, finde ich."

- Tagesablauf: „Was steht heute bei dir an?"

- Kinder: „Schreibt Peter heute nicht Mathe?"

- Arbeit: „Ich darf gar nicht an mein Meeting heute denken!"

- Haus, Wohnung: „Findest du nicht auch, wir sollten endlich ein neues Gartentor anschaffen?"

- Der beste aller Anknüpfungspunkte: etwas Nettes! „Wie du gestern die Kinder vom Fernsehen weggelotst hast – einfach klasse!" „Dass du gestern nach deinem anstrengenden Bürotag noch mein Auto von der Reparatur geholt hast, finde ich echt super – danke!"

- Idealer Anknüpfungspunkt für das Gespräch mit der Partnerin oder dem Partner: ihr bzw. sein Lieblingsthema. Selbst wenn es Themen sind, die Sie selbst nicht so spannend finden oder die Sie als typische Frauen- oder Männerthemen empfinden. Interessieren Sie sich wenigstens dafür, fragen Sie nach, was sie/ihn beschäftigt, begeistert oder enttäuscht hat. Danach läuft das Gespräch von ganz allein.

Nicht alle Themen taugen etwas

Vorsicht: Ihr Gesprächsangebot muss partnerverträglich sein. Wenn Sie wissen, dass Ihr Partner morgens ausgesprochen allergisch auf ein bestimmtes Thema reagiert, dann sparen Sie dieses natürlich aus. Partnerverträglichkeit bedeutet auch: Wenn der andere Ihr Gesprächsangebot nicht oder nur halbherzig annimmt, dann lassen Sie das Gespräch versiegen. Der andere will muffeln? Wenn es ihn glücklich macht, bitte.

Vorwürfe bringen Sie nicht weiter

Sollte dieser Zustand jedoch zu oft eintreten oder zu lange andauern, dann quengeln Sie nicht vorwurfsvoll: „Du vergräbst dich immer hinter deiner blöden Zeitung!" „Von meiner Arbeit willst du ja nichts wissen!"

> Wer ein Gespräch mit einem Vorwurf beginnt, verhindert damit gleichzeitig jede vernünftige Unterhaltung.

Sprechen Sie lieber vorwurfsfrei Klartext nach dem Muster: Verständnis zeigen – Ich-Botschaft senden („Ich denke ...", „Ich fühle mich ...") – Wunsch äußern.

Beispiel

 „Ich weiß ja, dass dir morgens nicht danach ist (Verständnis). Aber ich komme mir heute so verlassen vor (Ich-Botschaft). Redest du ein bisschen mit mir (Wunsch)?"

Reden Sie noch mit Ihren Kindern?

Die meisten Eltern verlieren den Kontakt zu ihren Sprösslingen immer mehr, je älter sie und die Kinder werden. Man hat sich buchstäblich nichts mehr zu sagen – oder man gibt Gesprächstorpedos von sich: „Wie war's in der Schule?" „Wie soll's gewesen sein? Wie immer halt."

Jugendliche fürchten den „Elternhammer"

Warum reagieren viele Kinder auf ein harmloses Gesprächsangebot so gereizt? Weil sie wissen, dass es nicht harmlos gemeint ist. Nehmen sie nämlich das Angebot ernst und sprechen über ihre Mathe-Probleme, saust sofort der „Elternhammer" auf sie herab, etwa mit solchen Bemerkungen: „Dann musst du eben mehr lernen!"

Nein, Eltern haben sich das Recht auf Small Talk meist schon früh verscherzt. Mit einem Besserwisser „smalltalkt" kein Jugendlicher gern. Warum nicht? Weil er genau merkt, dass die Eltern sich nicht für ihn, sondern nur für „sein Bestes", nämlich meistens seine Noten, sein Benehmen oder seine Leistung interessieren.

So zeigen Sie Ihrem Kind Ihr Interesse

Falls Sie wieder einen Draht zu Ihren Kindern finden und dann auch aufrechterhalten möchten, sorgen Sie dafür, dass Ihr Talk-Angebot Ihr Interesse an Ihrem Kind klar kommuniziert:

- Also nicht: „Wie schaust du denn aus? Was ist dir über die Leber gelaufen?" Sondern: „Ich habe das Gefühl, dich ärgert etwas. Was ist es denn? Habe ich etwas gesagt, das dich verärgert hat?"

- Nicht: „Wie war der Vokabeltest?" Sondern: „Na, war der Vokabeltest so schlimm, wie du vermutet hast?"

- Nicht: „Welche Schwerpunktfächer hast du noch mal?" Sondern: „Ich weiß, du findest es schrecklich, dass ich deine Fächer immer vergesse. Das liegt daran, dass ich so wenig darüber weiß. Darf ich dich mal was fragen?"

- Nicht: „Was? Wieder eine Vier? Reiß dich zusammen!" Sondern: „He, nimm's nicht so tragisch. Sag mir lieber, wie ich dir helfen kann, es besser zu machen."

- Nicht: „Na, alles klar in der Schule?" Sondern: „Du hast gestern durchblicken lassen, dass Deutsch nicht gut läuft. Wie kann ich dir helfen?"

Mit diesen Gesprächsangeboten signalisieren Sie Interesse an Ihren Kindern. Selbstverständlich lassen sich viele Kinder auch zum Gespräch bewegen, wenn sie weniger im Mittelpunkt stehen: Erzählen Sie als Vater oder Mutter in passenden Situationen auch mal von sich selbst!

Zugegeben, wenn Sie einmal das Vertrauen Ihrer Kinder verloren haben, ist es schwer, es zurückzugewinnen. Aber es ist
machbar. Sie müssen dafür „nur" ...

- ... etwas Stehvermögen mitbringen und so lange Ge-
  sprächsangebote machen, bis die Kinder ihre anfängliche
  Skepsis überwinden und darauf eingehen.

- ... bei Tabuthemen cool die Fassung bewahren. Also nicht:
  „Was? Du hast schon einen Freund?" Sondern: „Ach ja?
  Wie heißt er denn?"

- ... etwas weniger auf das Verhalten und etwas mehr auf
  das Kind selbst achten.

Schlechte Laune beim Nachhause-Kommen

Wenn Partner von der Arbeit heimkommen, läuft oft eine
kleine Beziehungskrise ab. Besonders Männer sprechen oft
kein Wort und verziehen sich sofort. In den Hobbykeller, vor
den Fernseher, zum Joggen, hinter den PC. Die Frauen ihrer-
seits leiden entweder stumm, fordern erfolglos zum Gespräch
auf oder plappern in der Hoffnung drauflos, dass er irgendwann auch etwas sagt. Es gibt bessere Rezepte.

Small Talk nach Büroschluss

Berücksichtigen Sie, dass Ihr Partner eine Zeit lang braucht,
um sich zu erholen. Meistens sind das um die zwanzig Minuten. Danach ist er wieder brauchbar. Wenn es allzu lange
dauert: Reden Sie mit ihm darüber. Aber nicht, wenn er gerade nach Hause gekommen ist!

> Wenn Ihr Partner/ihre Partnerin beim Nachhause-Kommen Ruhe braucht, gönnen Sie sie ihm/ihr.

Treffen Sie eine Vereinbarung, mit der beide leben können. Eine der häufigsten und erfolgreichsten Regelungen ist: „Wenn du nach Hause kommst, sag bitte wenigstens drei Sätze: Was war los? Wie geht's dir? Warum?"

Small Talk nach Büroschluss

- Fragen Sie nie: „Wie war dein Tag, Liebling?" Viele empfinden das als Kränkung, weil es zu pauschal ist. Fragen Sie konkret.

- Konkret bedeutet nicht: „Wie war dein Gespräch mit dem Vorstand?" Sondern: „Hat der Vorstand endlich kapiert, wie du dein Aufgabengebiet umstrukturieren möchtest?" Sie kommen dann wahrscheinlich nicht mehr zu Wort ...

- Fragen, fragen, fragen Sie: „Du sprichst öfter vom ‚Break Even'. Ich weiß, du findest die Frage doof, aber erkläre mir doch noch mal, was das genau ist."

- Kritisieren Sie Ihren Partner nicht – das tötet jedes Gespräch ab. Wenn Sie ihn kritisieren wollen, führen Sie ein Kritikgespräch. Wenn Sie ihn dagegen zum Reden bringen wollen, bestärken Sie ihn diplomatisch: „Fünf Abschlüsse heute? Donnerwetter, da hast du ja mächtig zugelangt."

Beziehungsretter im Urlaub

Ein Familienrichter berichtete: „Zwei Drittel aller Ehen, die ich scheide, gehen während oder nach einem gemeinsamen

Urlaub kaputt. Die Partner merken da oft zum ersten Mal, dass sie sich im Grunde nichts zu sagen haben."

Natürlich könnten in dieser Weise gefährdete Paare getrennt Urlaub machen – das tun bereits viele Beziehungserfahrene. Wer das nicht gut findet, kann die Situation auch anders entschärfen:

- Akzeptieren Sie, dass im Urlaub „Gesprächslöcher" entstehen.

- Geben Sie weder sich noch dem anderen die Schuld.

- Machen Sie eine vorwurfsfreie Bemerkung: „Tja, da merkt man, dass wir normalerweise vor allem über Kinder, Haus und Arbeit reden."

Lernen Sie den Partner neu kennen

Gerade für diese Neuentdeckung ist der Small Talk ideal geeignet. Es gibt viele Anknüpfungspunkte, die Sie für ein besseres Kennenlernen, für ein kleines Gespräch und damit für die perfekte Beziehungspflege nutzen können:

- „Lustig, mir ist nie aufgefallen, dass du gern ein Marmeladebrot zum Frühstück isst." „Bei uns gibt's ja auch normalerweise immer Müsli." „Schmeckt dir das denn nicht?" „Doch, aber hin und wieder Apfelgelee ..." „Soll ich mal eins kaufen?"

- „Ist der Rock neu?" „Nein, den habe ich schon lange, Schatz." „Ist mir nie aufgefallen. Sieht echt klasse aus!" „Ja, das macht der Stoff, der fällt super."

- „Was machen wir nachher? Gehen wir an den Strand? Nein? Gehst du nicht mehr gern ans Wasser? Was würdest du lieber machen? Also erst Strand und danach Basilika?"

Reden Sie über das, was Sie sehen

Im Urlaub sieht man viel Fremdes oder Ungewöhnliches. Das ist ein guter Anlass, ein Gespräch zu beginnen:

- „Mir ist gerade aufgefallen, dass hier unglaublich viele Schweden sind. Dir auch? Lustig, nicht? Und wie viel Alkohol die vertragen! In Schweden ist Alkohol halt furchtbar teuer. Das wusstest du nicht? Hat mir Theo erzählt. Den kennst du doch auch ..."

- „Hast du den Kerl in dem Armani-Anzug gesehen?" „Ja, der bildet sich ziemlich was auf sein teures Outfit ein! Und schau mal, die Frau da mit dem Stringtanga ..."

Als Paar beim Small Talk

Man erlebt es immer wieder: Partner machen sich gegenseitig beim Small Talk mit anderen runter. Da traktiert man sich mit versteckten Spitzen, offenen Vorwürfen, verdreht die Augen, kurz: behandelt den anderen ohne Respekt, macht ihn lächerlich, stellt ihn bloß.

Ganz abgesehen davon, dass ein solches Verhalten für die Beziehung nicht gerade förderlich ist: Sie hinterlassen bei Ihren Gesprächspartnern nicht den besten Eindruck – als Individuen und als Paar. Immerhin lässt Ihr Verhalten oder das Ihres Partners auch Rückschlüsse auf Ihre Beziehung und

Ihren Charakter zu. Also: Was beim Small Talk für Fremde
gilt, gilt natürlich auch für Menschen, die einander nahe
stehen. Beherzigen Sie also folgende Paartipps.

Small Talk in Anwesenheit Ihres Partners

- Erzählt Ihr Mann eine lustige Anekdote, die er in Ihrer
  Gegenwart schon tausendmal zum Besten gegeben hat,
  dann hören Sie geduldig zu – und nehmen nicht die Pointe vorweg.

- Verzettelt oder verspricht sich Ihre Frau, dann stehen Sie
  ihr mit dem richtigen Wort bei oder helfen ihr unauffällig
  aus der Bredouille – Sie sollten Sie weder verspotten
  noch hängen lassen.

- Klammern Sie private Meinungsverschiedenheiten aus –
  und fangen Sie keinen Streit über das Verhalten Ihrer
  Kinder oder die Benutzung des Familienautos an.

- Lassen Sie Ihren Partner aussprechen, auch wenn er Ihnen wie üblich zu langsam spricht oder denkt – und unterbrechen Sie ihn nicht.

- Wenn sich der Blick Ihres Mannes mal „verirrt", dann
  übersehen Sie es geflissentlich und sprechen ihn zu Hause darauf an – und düpieren ihn nicht vor den anderen,
  indem Sie ihn angiften („Reiß dich zusammen, ja?").

Wenn Sie sich an diese Umgangsformen halten, wird Ihnen
der Small Talk auch in Gegenwart Ihres Partners Spaß machen.

Oberstes Small Talk-Gebot: Du sollst nicht langweilen!

Sie kennen die Situation: Eine Gruppe von Menschen steht zusammen, aber nur einer spricht – und die anderen langweilen sich furchtbar.

In diesem Kapitel lesen Sie,

- welche Themen Sie vermeiden sollten (S. 64),
- mit welchen Verhaltensweisen Sie bei Ihren Gesprächspartnern nicht ankommen (S. 70),
- wie Sie sich gegen Vielredner wehren (S. 76) und wie Sie der Langeweile mit Fragen entgegenwirken (S. 81).

Themen, die anöden

Lieblingsthemen

Angenommen, Sie stehen mit dem Cocktailglas bei einer Gruppe, hören mit halbem Ohr einem total uninteressanten Gespräch zu und langweilen sich zu Tode. Plötzlich kommt die Gruppe auf Safari-Urlaube zu sprechen. Da kennen Sie sich aus! Was tun Sie?

- Sie freuen sich, endlich etwas zum Gespräch beitragen zu können, und erzählen von Ihren Safari-Urlauben in Kenia und in Südafrika.

- Sie halten sich zurück.

Gratulation, wenn Sie sich für die zweite Option entschieden haben! Denn: Nichts ist langweiliger als Lieblingsthemen.

Alle wollen mitreden

Natürlich fällt es schwer, das zu akzeptieren. Warum dürfen wir nicht über das reden, was wir gut kennen? Aber wenn wir so fragen, bringt es uns nicht weiter. Stellen Sie die Frage anders: Wann langweile ich mich beim kleinen Gespräch am meisten? Ganz klar: Wenn sich einer profiliert, minutenlang das Gespräch an sich reißt und die anderen mit seinem Lieblingsthema zu stumm leidenden Zuhörern degradiert.

Small Talk ist interaktiv, Monologe sind es nicht. Deshalb langweilen Monologe.

Alleinunterhalter sind zwar amüsant. Doch Menschen machen keinen Small Talk, bloß um zuzuhören: Sie wollen mitreden! Denken Sie an Ihre Zuhörer! Nur weil Sie von einem Thema begeistert sind, heißt das noch lange nicht, dass es den anderen genauso geht. Prüfen Sie das erst.

Vergewissern Sie sich, dass die anderen Ihr Lieblingsthema interessiert

Woran erkennen Sie, ob die anderen Ihr Lieblingsthema auch toll finden? An den Gesprächsbeiträgen. Fließen sie, ist das Thema okay. Schauen alle nur höflich betreten und stumm in die Runde, wechseln Sie das Thema oder geben der Gruppe die Gelegenheit dazu.

Seien Sie nicht zu streng mit sich. Im Verlauf fast jedes Gesprächs lässt man sich mal dazu hinreißen, über sein Lieblingsthema zu schwadronieren. Die Versuchung ist einfach zu groß: Noch ehe unser Gehirn merkt, was passiert, hat sich der Mund schon heißgeredet. Verzeihen Sie sich diese menschliche Schwäche – und geben Sie der Gruppe so rasch wie möglich die Gelegenheit, wieder ins Gespräch einzusteigen.

Gute Witze, schlechte Witze

Witze tauchen im kleinen Plausch häufig auf. Das hat weniger mit dem Small Talk an sich, sondern mehr mit dem Small Talker zu tun: Manche Menschen erzählen eben gern Witze. Eine schöne, unterhaltsame Eigenschaft. Wer sie auslebt, sollte jedoch seinen gesunden Menschenverstand dabei benutzen: Nicht jeder Witz passt in jeden Small Talk. Bestimmte Witze erzählt man einfach nicht in bestimmten Kreisen – auch wenn sie noch so gut sind.

Überlegen Sie sich zum Beispiel gut, ob Sie als Mann in Anwesenheit von Frauen schlüpfrige Witze zum Besten geben wollen. Oft lächeln Frauen dann zwar, aber meist sehr gequält. Sie finden es einfach nur peinlich, wollen den Witzeerzähler aber nicht bloßstellen oder wissen einfach nicht, wie sie ihm Einhalt gebieten können. Auch wenn es Frauen gibt, die selbst welche erzählen: Die meisten Frauen finden Witze mit sexuellen Anspielungen einfach zotig. Es empfiehlt sich, das zu berücksichtigen.

Weitere Witz-Tabus

- Dasselbe trifft auf Witze über Behinderte, Gewalt oder Kindesmissbrauch zu – ja, solche Witze gibt es tatsächlich. Schon aus moralischen Gründen sollte man sie nicht in sein Witzrepertoire aufnehmen, ganz gleich, ob es um Small Talk geht oder nicht. Das Gleiche gilt für Witze über Ausländer und Randgruppen.

- Blondinen-Witze sind mit äußerster Vorsicht zu gebrauchen, wenn eine Blondine zuhört. Selbst wenn Sie sie kennen und wissen, dass auch sie austeilen kann, ist es keine sonderlich gesprächsförderliche Idee, in ihrer Anwesenheit einen Blondinen-Witz zu erzählen.

- Eine Witzgattung langweilt mit tödlicher Sicherheit: alte Witze. Es ist peinlich, wenn man denselben Witz vor demselben Publikum noch einmal erzählt. Ein guter Witzeerzähler kennt sein Publikum.

Tabuthemen

Sie kennen das sicher: Jemand erzählt in allen Details von seiner Gallenblasenoperation. Man muss gezwungenermaßen zuhören, denkt aber nur: „Igitt! Hoffentlich hört er bald auf." Es gibt eine Reihe Tabuthemen, die man beim Small Talk unbedingt meiden sollte. Dazu gehören:

- Politik und Politikerschelte
- Familienprobleme
- Geld
- eigene Schwächen, Fehler, Neurosen
- Geschäftliches

Wann ein Thema tabu ist

Nahezu jedes Thema, bei dem es um Inkompetenz geht, kann ein Tabuthema sein: „Ich weiß nicht, wofür Beamte eigentlich ihr Geld bekommen – mein Bauantrag liegt schon drei Monate irgendwo rum. Die sind doch alle unfähig!" Und zwei Beamte stehen neben Ihnen in der Gesprächsrunde. Das kann sehr peinlich werden.

Vertrauen Sie bei der Themenwahl Ihrem gesunden Menschenverstand. Denn andererseits treten Sie mit heiklen Themen nicht immer ins Fettnäpfen. Erinnern Sie sich an das letzte Gespräch unter Kumpels, in dem Sie über „die korrupten Beamten" herzogen und alle begeistert mitmachten! Oder an das letzte Gespräch unter Frauen, in dem es stundenlang nur um die Menopause ging.

Ob ein Thema ein Tabuthema ist, hängt nicht vom Thema, sondern von der Gesprächsgruppe ab.

Wie merken Sie, ob sie loslegen können oder nicht? Ganz einfach: Wenn die Gruppe einsteigt und begeistert mitredet, ist das Thema kein Tabu. Dabei sollten Sie jedoch genau hinhören, damit Sie auch Reaktionen, die nur höflich gemeint sind, wahrnehmen.

Setzen Sie heikle Themen bewusst ein

Viele Ratgeber empfehlen: „Warten Sie mit schwer verdaulichen Themen so lange, bis eine echte Beziehung, eine Freundschaft entstanden ist." Doch dieser Rat greift zu kurz.

Denn nichts lässt eine Beziehung schneller entstehen als die Entdeckung, dass alle Gesprächsbeteiligten in den letzten zwölf Monaten Beziehungsprobleme hatten. Das verbindet! Und zwar viel mehr, als wenn man sich stundenlang mit belanglosen Themen abtastet.

Es ist kein Fehler, ein vermeintliches Tabuthema anzuschneiden. Scheuen Sie sich auch nicht, auch solche Themen anzusprechen, wenn Ihnen danach ist. Beobachten Sie die Reaktion der Gruppe aber genau: Nimmt sie das Thema an? Es ist jedoch ein Fehler, wenn Sie weitersprechen und nicht berücksichtigen, dass die anderen gern über etwas anderes reden würden.

Marotten, die stören

Viele Menschen hören sich selbst nicht zu, wenn sie sprechen. Deshalb fallen ihnen ihre Marotten womöglich nicht auf. Den Zuhörern geht es naturgemäß anders ... Wir alle kennen die Ratgeber, Rechthaber und Besserwisser, die mit ihrem Gesprächsverhalten aus einer unverbindlichen Plauderei ein Beratungsgespräch oder einen Machtkampf machen können. Das ist keinem Small Talk förderlich. Entdecken Sie solche Gewohnheiten bei sich selbst, sollten Sie diese ändern.

Störende sprachliche Marotten sind natürlich auch: laufend „äh" sagen, viele Fremdwörter benutzen oder sich wiederholen. Wie diese wirken und wie Sie dagegen vorgehen, erfahren Sie im Kapitel „Vermeiden Sie Sprachmüll" (Seite 94).

Ratschläge sind unerwünscht

Eine der schlimmsten, aber weit verbreiteten Marotten überhaupt ist es, Ratschläge zu geben, wenn jemand von sich erzählt und erzählen möchte.

Beispiel: „Erziehungsberatung"

 „Ich kann machen, was ich will – mein pubertierender Sohn hört einfach nicht auf mich!" „Dann sollten Sie mal hart durchgreifen!" „Haben Sie es schon einmal mit der nicht-reaktiven Erziehung nach Jacobson probiert?" „Am besten stecken Sie ihn in ein Internat!"

Ist es Ihnen auch schon mal so gegangen? Sie können sagen, was Sie wollen – prompt werden Sie mit Ratschlägen überhäuft. Es scheint gerade so, als ob die ganze Welt darauf wartet, dass Sie etwas Unbedachtes sagen, damit sie Ihnen einen Ratschlag geben kann. Natürlich meinen die anderen es gut mit Ihnen, trotzdem ist es lästig. Denn meistens möchten Sie diese Ratschläge gar nicht hören.

Versuchen Sie es mit Verständnis

Die meisten Menschen glauben: Wenn jemand klagt, braucht er einen Rat. Das Gegenteil ist der Fall: Er braucht Verständnis. Prüfen Sie sich selbst: Wenn Sie über etwas klagen, was hören Sie dann am liebsten? Eben. Was wir tun müssten, wissen wir oft selbst am besten.

> Geben Sie Menschen, die sich beklagen, keinen Rat, sondern Verständnis.

Wenn ein Mensch einen Ratschlag von Ihnen will, fragt er explizit danach: „Können Sie mir einen Rat geben?" Fragt er nicht, dann geben Sie ihm auch keinen.

Rechthaber langweilen

Vermeiden Sie unter allen Umständen „Rechthaber-Orgien". Erstens verlieren Sie selbst dann, wenn Sie gewinnen, denn wer mag schon einen Rechthaber? Zweitens kommen Sie sich danach albern vor und machen sich Vorwürfe. Und drittens schadet Streit der Atmosphäre.

Beispiel: Die Rechthaber-Orgie

 „Und dann haben wir einen Abstecher nach Neapel gemacht. Kaum waren wir in der Stadt, war die Brieftasche weg. Diese Italiener klauen doch alles, was nicht niet- und nagelfest ist!" „Ach was, das ist doch nur in den Großstädten so. Auf dem Land schließen die Leute nicht einmal die Türen ab." „So? Einem Bekannten von mir haben sie im letzten Jahr mitten auf dem Land den kompletten Camper ausgeräumt!" „Aber das ist doch etwas anderes!" „Ach ja? Warum ist ein Taschendiebstahl etwas anderes als ein leergeräumter Camper?"

Sagen Sie selbst: Reden so erwachsene Menschen? Nein, das klingt nach Kindergarten. Und genau so sehen es die Umstehenden. Streithähne verlieren die Achtung der Gruppe.

Was machen Sie, wenn man Ihnen widerspricht?

Stoßen Sie auf einen Widerspruch, dann sollten Sie nicht dagegenhalten, sondern rückfragen. Zum Beispiel: „Was wollen Sie damit sagen?" „Was heißt das konkret?" Danach erklärt sich der andere, und Sie können ein Friedensangebot machen: „Na ja, vielleicht sollte ich das nicht so eindimensional sehen – aber ärgerlich war der Diebstahl schon."

Seien Sie nicht zu streng mit Ihren Gesprächspartnern

Um nicht wie ein Rechthaber zu wirken, sollten Sie auch darauf verzichten, andere zu korrigieren: „Mein Lieber, Sie verwechseln gerade Arbeitslosengeld und Arbeitslosenhilfe." Sind wir etwa im Bundestag? Nein. Wen interessiert dieser Unterschied beim Small Talk also? Da zählt nur, was der andere meint: dass die Stütze für Arbeitslose viel zu hoch ist, wie er findet. Also reden Sie darüber.

Fragen ist besser als Korrigieren

Was viele Menschen am Small Talk abschreckt, ist die Niveaulosigkeit vieler kleiner Gespräche. Manchmal ist es tatsächlich unerträglich. Wie reagieren Sie dann? Wenn jemand wirklich dummes Zeug redet: Reagieren Sie, aber weisen Sie ihn nicht zurecht. Nehmen Sie ihn ernst, und hinterfragen Sie ihn.

Beispiel: Vorurteile hinterfragen

 „Sie glauben also, dass die meisten Italiener Diebe sind?" „Ja, so ungefähr." „Haben Sie das denn aus einer Statistik?" „Nein, aber das sagt man doch so. Und wie gesagt, mir haben sie die Brieftasche geklaut." „Und wie oft waren Sie schon in Italien?" „Na, vielleicht zwanzigmal oder so."

Sie merken schon: Je mehr Fragen Sie stellen, desto offensichtlicher wird, wie substanzlos die Äußerung war. Nach drei bis vier Fragen …

- … ist allen Anwesenden klar, dass hier jemand eine Dummheit geäußert hat. Sie können die Übung dann abbrechen – Sie haben Ihr Ziel erreicht. Und zwar viel leichter, als wenn Sie ihn zurechtgewiesen hätten. Dann hätte er nämlich eine Rechthaber-Orgie angezettelt.

- … bemerken halbwegs intelligente Menschen, dass sie einen Bock geschossen haben, und korrigieren sich selbst.

Auch dann haben Sie Ihr Ziel besser als mit einer Zurechtweisung erreicht.

> Sie müssen Dummheiten nicht ertragen. Kontern Sie ruhig – aber mit Fragen.

Natürlich dürfen die Fragen nicht ironisch sein: Der Gefragte bemerkt die Absicht sonst, und der latente Konflikt bricht auf. Fragen Sie ganz sachlich.

Mitreden, nicht „mitprotzen"

Viele Menschen fragen sich, wann bzw. wie man am besten Zitate von berühmten Persönlichkeiten oder anderes „Wissen" in den Small Talk einstreut. Vorsicht, hier kommt es auf die Dosierung an!

Setzen Sie Angelesenes richtig ein

Wenn Sie andere mit Zitaten, Anekdoten, Statistiken und Ähnlichem beeindrucken wollen, merken die das natürlich. Und halten Sie vielleicht für einen Angeber. Versuchen Sie also gar nicht erst, Eindruck zu schinden, das fällt negativ auf Sie zurück. Falls Sie ein Zitat verwenden, dann sollte es zum Thema und zu Ihnen „passen". Mehr Tipps dazu, wie Sie Zitate geschickt einsetzen, finden Sie übrigens im TaschenGuide „Zitate für Beruf und Karriere".

Spielen Sie nicht den Experten

Wer mit falscher Bildung prahlt, fliegt immer auf. Das Peinlichste ist, wenn Menschen bei Themen mitreden, von denen sie keine Ahnung haben, und dabei so tun, als wären sie der Experte auf dem Gebiet. Sie unterliegen einem großen Irrtum.

Manche Menschen glauben, wenn sie etwas nicht wissen, sind sie dumm. Ihre Gesprächspartner dagegen glauben: Wer etwas nicht weiß, der weiß es eben nicht.

Sich verstellen wirkt lächerlich

Die meisten Menschen sind bei Anlässen, bei denen man Small Talk pflegen sollte, etwas gehemmt. Wenn gar ein Manager oder ein Hochschulprofessor dabei ist, nimmt die Scheu noch zu. Wie wird diese Hemmung oft kompensiert? Indem man sich verstellt. Je fremder sich ein Mensch in einer Runde fühlt, desto mehr verstellt er sich. Doch die anderen spüren das meistens.

Bleiben Sie bei Ihrer Denk- und Redeweise

Stehen Sie zu dem, was Sie sind. Wenn jemand ohne akademische Bildung in einen Akademikerzirkel gerät, dann sollte er nicht versuchen, den Anwesenden nachzuplappern. Damit erreicht er nicht, dass er dazu gehört, sondern das Gegenteil. Man wird nicht als Gesprächspartner akzeptiert, indem man den „Jargon" der anderen nachahmt, sondern wenn man ihnen und ihrem Thema Respekt entgegenbringt.

Wie sollten Sie mit Ihrem Dialekt umgehen?

Beispiel

 Thomas ist Niederlassungsleiter einer Kunststoff-Firma im schwäbischen Reutlingen. Weil er so erfolgreich ist, soll er den Hamburger Kollegen während einer Schulungswoche an der Alster sein Vertriebskonzept näher bringen. Damit „mich überhaupt jemand versteht", redet er hochdeutsch – und macht alle Fehler, die ein Schwabe dabei machen kann: Er verwechselt Fuß und Bein (im Schwäbischen gibt es nur den Fuß), er bringt Mittag und Nachmittag durcheinander (Schwaben sagen zum Nachmittag auch Mittag), er verhaspelt sich im Satzbau und spricht viele Wörter falsch aus. Kurz: Er blamiert sich. Einen Tag lang. Danach „schwätzt" er schwäbisch. Sein Publikum ist begeistert und kommt aus dem Lachen gar nicht mehr heraus. Doch jetzt lacht es nicht über, sondern mit ihm.

> Das Echte, Authentische überzeugt, das Gekünstelte hingegen wirkt lächerlich.

Wenn Sie also Mundart sprechen, dann sprechen Sie Mundart. Zeigen Sie den anderen jedoch Ihren Respekt, indem Sie sagen: „Wenn jemand etwas nicht versteht, bitte sofort Handzeichen geben. Wir übersetzen das dann gemeinsam ins Deutsche!" Das gibt immer einen Lacher, und Sie haben die Leute auf Ihrer Seite.

Meiden Sie Weitschweifigkeit

Der Endlos-Erzähler

Sicher kennen auch Sie Menschen, die vom Hundertsten ins Tausendste kommen: „Also, wir waren im August auf Sizilien, als uns dieses unglaubliche Ding passierte – Susanne wollte ja an die Adria, aber die ist mir in letzter Zeit zu überlaufen, und dann diese Algengeschichte vor ein paar Jahren, ich habe mir geschworen: nie wieder Adria, höchstens auf der anderen Seite, Kroatien, das müsste man mal ausprobieren, ich habe gehört, dort …"

Und so weiter. Bis der Gute dieses angeblich so unglaubliche „Ding" endlich erzählt, sind seine Zuhörer vor Langeweile gestorben oder haben das Weite gesucht. Das kann Ihnen nicht passieren? Hoffentlich täuschen Sie sich nicht. Denn: Die meisten Endlos-Erzähler sind sich ihrer Weitschweifigkeit nicht bewusst.

Niemand will die ganze Geschichte hören

Die meisten Endlos-Erzähler reagieren pikiert, wenn man ihnen ihren qualvollen Erzählstil vorhält. „Aber ich muss doch die ganze Geschichte erzählen, sonst versteht man sie nicht!" Wenn Sie sich im Verdacht haben, den Bogen manchmal zu überspannen, dann machen Sie sich bewusst, dass Ihre Zuhörer nicht eine vollständige, sondern eine spannende Geschichte hören wollen.

Vollständige Geschichten sind langweilig. Spannende Geschichten beschränken sich aufs Wesentliche. Was ist an Ihrer Geschichte wesentlich? Zugegeben, Anekdoten und Geschichten erzählen zu können ist eine Fähigkeit. Aber man kann sie erlernen.

Der Haarspalter

„Dann sind wir also zum Kunden Meier rausgefahren nach ... wie hieß das Nest noch mal? Oberpfarrkirchen? Oberpfaffenhausen? Oberdorfkirchen? Es war, glaube ich, irgendwas mit Kirche ...“ Auch das kennen wir als leidgeprüfte Zuhörer: Ein Erzähler beißt sich endlos an einem völlig nebensächlichen Detail fest, während sich alle anderen fragen: Wie geht denn die Geschichte nun weiter?

> Verzichten Sie auf Details. Details langweilen.

An Geschichten interessiert immer nur der Clou, der Gag, die Moral, die Pointe, das Interessante.

Die Stress-Quasselstrippe

In Gesprächssituationen fühlen sich viele von uns unsicher. Sie sind nervös. Wie äußert sich diese Nervosität? Es verschlägt ihnen die Sprache. Oder sie können sich nicht beherrschen und quasseln ohne Punkt und Komma.

Das geht, indem Sie sich dieser Angewohnheit bewusst werden. Nur das, was Sie sich bewusst machen, können Sie auch verändern. Achten Sie ein wenig auf sich selbst. Gehen Sie in den inneren Dialog: „Aha, ich bin nervös. Gleich fange ich wieder an zu quasseln. Also passe ich ein wenig auf, bis sich die Anfangsnervosität gelegt hat."

Wie Sie sich gegen Langweiler wehren

Wenn Sie ein Endlos-Erzähler oder Haarspalter unnötig auf die Folter spannt, müssen Sie das nicht klaglos ertragen – obwohl viele Menschen das tun. Daher rührt auch oft die Abneigung gegen Small Talk. Wenn Sie wissen, wie Sie sich wehren, können Sie das Gespräch besser genießen. Leiden Sie nicht stumm, sondern geben Sie ein Feed-back ohne Vorwurf. Sagen Sie also nicht: „Nun red doch nicht um den heißen Brei herum! Komm endlich auf den Punkt!"

Mit Fingerspitzengefühl lenken

Man kommt auch ohne das Klima vergiftende und womöglich beleidigende Vorwürfe aus. Zum Beispiel so: „Peter, uns interessiert nicht so sehr, wie das Dorf hieß, uns interessiert brennend, was denn nun bei Meier herausgekommen ist! Bitte erzähl es uns doch!"

Endlos-Erzähler und Haarspalter sind wie alte Analog-Schallplatten: Sie bleiben hängen. Statt nicht mehr zuzuhören und stumm zu leiden, hebt man die Nadel vorsichtig an, damit das Lied weitergeht.

> Bringen Sie Endlos-Erzähler und Haarspalter freundlich auf den Punkt zurück – auch mehrfach, wenn es sein muss.

Was Sie gegen Lebensgeschichten tun können

Sie kennen solche Zeitgenossen: Nach dem ersten Bier erzählt er Ihnen seine Lebensgeschichte. Sämtliche berufliche Erfolge seit Abschluss der Lehre werden ausgebreitet, er berichtet von seinen Frauen, seiner Hochzeit, seiner Scheidung, seinen Kindern ... Kurz: Ihr Gesprächspartner missbraucht Sie als „Mülleimer" für seine unerledigten Geschichten oder seine Profilneurose. Was tun?

Erst Verständnis, dann Themenwechsel

Die meisten Menschen hören sich die Endlosgeschichte notgedrungen an und ertränken ihren Frust im nächsten Glas. Funktioniert das? Nein, denn das bringt den anderen nicht dazu aufzuhören.

Wenn einer klagt, dann nicht, damit Sie Ihren Frust im Weinglas ertränken. Er möchte Verständnis. Und je mehr Sie ihm davon geben, desto schneller hört er auf zu erzählen. Deshalb nützen Versuche, das Thema zu wechseln, meist erst dann, wenn Sie ihm ausreichend Verständnis entgegengebracht haben. Das bedeutet im Extremfall: Menschen reden so lange, bis Sie ihnen geben, was sie wollen.

Beispiel

 „Gestern hat sie mir wieder vorgeworfen, dass ich viel zu oft auf Geschäftsreisen bin. Ich finde, das geht zu weit!" „Hm, finde ich auch etwas überzogen. Schließlich müssen Sie sich ums Geschäft kümmern. Wer soll denn sonst das Geld ranschaffen?" „Ja, genau, sage ich auch." „A propos Geschäft: Ich habe gehört, Sie haben einen großen Auftrag an Land gezogen?"

Das Muster hinter diesem Themenwechsel ist deutlich zu erkennen und universell anwendbar: Sie können das Thema des anderen nicht einfach für beendet erklären. Erst müssen Sie es möglichst stark würdigen. Danach können Sie das Thema wechseln, am besten zu einem Thema, das für Ihren Gesprächspartner positiv besetzt ist.

Erliegen Sie nicht der Versuchung, Trost zu spenden

Viele Menschen versuchen, den Gesprächspartner zu bremsen, indem sie ihn trösten. „Nehmen Sie das nicht so schwer. Ihre Frau wird schon noch einsehen, wie wichtig Geschäftsreisen sind." Das funktioniert nicht, denn es tröstet den anderen nicht. Und zwar deshalb, weil er nicht das Gefühl hat, ernst genommen zu werden.

Wenn er dagegen Verständnis bekommt und dann sanft auf ein Thema hingewiesen wird, das ihm trotz Beziehungsstress große Freude bereitet (wie ein dicker Auftrag), tröstet ihn das mehr als jedes „tröstende" Wort.

Fragen verhindern Langeweile

Eine der Grundregeln des Small Talks ist: Wer viel fragt, verhindert, dass beim Gesprächspartner oder in der Gruppe Langeweile aufkommt. Wir haben auf den zurückliegenden Seiten immer wieder gesehen, wie Fragen das Gespräch retten können.

> Eine alte Management-Weisheit besagt: Wer fragt, führt.

Solange Sie Fragen stellen, wird ein Gespräch niemals versiegen, hängen oder peinlich werden. Solange Sie fragen, wird Ihnen immer etwas einfallen, das Sie sagen können. Fragen sind die Seele jedes Small Talks!

Falsche Fragen

Eine intelligente Frage peppt jedes Gespräch auf, gibt ihm Leben und Spannung. Doch auch das Fragen will gelernt sein! Betrachten wir einige Beispiele von Fragen, die im Small Talk nicht weiterhelfen:

– „War Ihr Urlaub schön?"
– „Kommt Kollege Meier nun zum Meeting oder nicht?"
– „Wie viele Kilometer sind es denn genau?"

Kein Zweifel: Das sind Fragen. Doch was kann man darauf schon antworten? „Ja." „Nein." „34 Kilometer." Kommt durch diese Fragen ein Gespräch zustande? Nein. Trotzdem gibt es Menschen, die immer wieder auf diese Weise fragen – und verzweifeln, weil das Gespräch immer einsilbiger wird, der

Gesprächspartner nicht zum Reden gebracht wird. Aber das ist kein Wunder!

> Geschlossene Fragen lassen ein Gespräch versiegen.

Geschlossene Fragen im weiteren Sinne sind alle Fragen, auf die man nur mit „Ja", „Nein", „Schwarz", „Weiß" etc., eben mit einem Wort antworten kann. Sie regen in der Regel nicht sonderlich an, mehr zu erzählen.

Richtige Fragen

Also formulieren Sie Ihre Fragen lieber so, dass man darauf mit mehreren Sätzen antworten kann. Diese Fragen nennt man „offene Fragen". Einige Beispiele:

— „Wie war Ihr Urlaub?"

— „Was hast du von Kollege Meier gehört?"

— „Weshalb dauert die Anfahrt denn so lang?"

Besonders ergiebig sind Fragen nach dem Grund, den Ursachen, Zusammenhängen und Motiven, also Fragen, die mit den Fragewörtern warum, weshalb, wozu beginnen. Für den Small Talk geeignet sind auch Fragen, die Erklärungen nach sich ziehen: Wie? Womit? Wodurch?

Small Talk für Fortgeschrittene

Wenn Sie sich vom Small-Talk-Anfänger zum Profi entwickeln möchten, sollten Sie noch einiges mehr als die grundlegenden Techniken beachten. Denn professionelles Plaudern fordert die ganze Persönlichkeit.

In diesem Kapitel lesen Sie, wie Sie

- taktische Fehler (S. 84) und Gesprächskiller (S. 87) vermeiden sowie Ihre Sprache von Ticks und Floskeln befreien (S. 94),

- im Small Talk die Wünsche Ihrer Gesprächspartner nach Verständnis und Wertschätzung erfüllen (S. 99) und dabei auch selbst auf Ihre Kosten kommen (S. 109),

- Ihr Auftreten durch Ihre Körpersprache perfektionieren (S. 111).

Taktische Fehler

Wer Geschmack am Small Talk gefunden hat, beherrscht viele der bisher vorgestellten Techniken. Doch trotz zunehmender Sicherheit können Ihnen Fehler passieren, die Sie vielleicht hinterher bereuen.

Offenbaren Sie nicht zu viel von sich

Anfängern droht die Gefahr, zu viel zu sagen, nicht. Sie sind meistens noch so damit beschäftigt, ihre Hemmungen zu überwinden, dass sie viel zu wenig über die Lippen bringen und meist keine sehr persönlichen Dinge. Doch wer erst einmal munter drauflos redet, sollte sich vorsehen.

Beispiel: Zu viel gesagt!

Regine ist Kontakterin in einer Dortmunder Werbeagentur. Sie kommt mit ihren Kunden gut zurecht, bis auf die „schwierigen Kunden". Dazu gehört Elvira. Auf einem Kongress teilt der Agenturchef Regine als Betreuung für Elvira ein – ganze drei Tage.

Regine ist entsetzt. Einen Tag lang versucht sie, Elvira wenigstens außerhalb der offiziellen Anlässe aus dem Weg zu gehen. Doch am zweiten Tag beschließt sie: „Angriff ist die beste Verteidigung!" und setzt sich an Elviras Frühstückstisch. Sie beißt die Zähne zusammen und knüpft ein kleines Gespräch an. Elvira ist überrascht und erfreut, dass sich jemand freiwillig mit ihr unterhält, und redet deshalb viel zu viel. Sie plaudert aus dem Nähkästchen, gibt Vertrauliches preis.

Das Gespräch hat zwei unmittelbare Folgen: Elvira behandelt Regine seither mit Hochachtung, weil sie quasi die Einzige ist, die mit ihr „von Mensch zu Mensch" geredet hat. Und Regine lässt sich von Elvira nicht mehr beeindrucken, denn: „Sie weiß, dass ich sie in der Hand habe. Sie hat mir viel zu viel verraten."

So finden Sie das richtige Maß

Alle Menschen sprechen gern. Aber sagen Sie nicht zu viel! Die Gefahr ist umso größer, je stärker Ihr Mitteilungsbedürfnis ist und je emotionaler sie beim Thema sind. Wir freuen uns so, endlich mal wieder ein offenes Wort wechseln zu können, dass wir gern über das Ziel hinausschießen.

> Vorsicht: Small Talk bedeutet nicht, dem anderen das Herz auszuschütten.

Unterhalten Sie sich, aber fragen Sie sich auch: Wo liegen in diesem Gespräch die Grenzen, die ich nicht überschreiten sollte/will? Denn Small Talk dient, wie wir gesehen haben, der Entspannung, wir knüpfen unbeschwert Kontakte oder pflegen sie. Wenn wir unseren Gesprächspartner mit sehr persönlichen Informationen konfrontieren, überfordern wir ihn und die Situation. Noch ein Grund, der gegen zu viel Offenherzigkeit spricht: Sie kennen Ihr Gegenüber nicht gut oder arbeiten mit ihm zusammen. Sie könnten ihm also Informationen über sich liefern, die Ihnen eher schaden als nützen.

Lassen Sie sich nicht die Zeit stehlen

Viele Menschen bekommen beim Thema Small Talk ein schlechtes Gewissen, weil sie meistens länger „hängen bleiben", als ihre knappe Zeit es erlaubt. Sie überlegen deshalb, dass Sie lieber ganz auf den Small Talk verzichten sollten. Ein

Fehlschluss. Das Problem ist vermutlich ganz einfach: Sie können nicht nein sagen.

Zur richtigen Zeit nein sagen

Nein zu sagen fällt natürlich schwer, wenn eine Freundin aufgelöst anruft und sich über ihren Freund beklagt, während Sie zum Joggen wollen. Nicht nur bei solchen Themen hören viele zu und gehen auch auf „leichtere" Themen ein, weil sie sich dazu verpflichtet fühlen. Doch denken Sie daran: Sie sind immer zwei Personen verpflichtet: dem anderen und natürlich auch sich selbst.

Das heißt: Stellen Sie den Gesprächswunsch des anderen nicht über Ihre eigenen Wünsche. Lernen Sie aber, den Small Talk beziehungsgerecht abzukürzen oder zu beenden. Wie das geht, haben wir bereits beim Themenwechsel gesehen. Hier ein paar weitere Tipps dazu.

So geht's nicht

Beispiel: Einfach ablehnen

 „Du, stell dir vor, gestern haben wir schon wieder Flecken an unserer Badezimmerdecke …" „Entschuldige, aber ich muss raus zum Kunden. Tut mir echt Leid, tschüss denn!"

Wie würden Sie sich behandelt fühlen, wenn Sie so rüde abgewürgt würden? Schlecht natürlich. Warum? Weil Sie brüskiert wurden. Sie wollten Verständnis und bekamen Ablehnung. Beim nächsten Treffen suchen Sie dann vielleicht nicht mehr das Gespräch oder steigen auf Small Talk-Angebote nicht mehr ein.

> Bevor Sie ein Gesprächsangebot ablehnen, zeigen Sie Verständnis für das Anliegen des anderen.

So sagen Sie beziehungsgerecht nein

Beispiel: Verständnis signalisieren

„Du, stell dir vor, gestern haben wir schon wieder Flecken an unserer Badezimmerdecke entdeckt! Aber unsere Nachbarn reagieren überhaupt nicht auf unsere Nachfragen! Wie soll man denn da noch friedlich nebeneinander wohnen?" „Also, das ist ja ärgerlich! Sicher nicht leicht, da noch ruhig zu bleiben. Ich würde mich wirklich gern mit dir darüber unterhalten, aber ich muss leider sofort zu einem Kunden. Wir wollten doch sowieso diese Woche mal auf ein Bier gehen!"

Wenn Sie schon etwas Erfahrung mit Small Talk haben, wissen Sie, dass es eine Turbo-Version gibt: Man kann auch in wenigen Sätzen ein für beide Seiten befriedigendes Gespräch führen, um es danach kurz und schmerzlos zu beenden.

Denn beim Small Talk spielt die Quantität keine Rolle, sondern immer nur die Qualität. Wenn Sie dem anderen in zwei Minuten Verständnis und Anerkennung vermitteln können, ist das Gespräch zur beiderseitigen Zufriedenheit verlaufen.

Gesprächskiller

Manche Bemerkungen können jedem Gesprächsteilnehmer das Vergnügen verderben oder dem Small Talk ein Ende setzen. Auch hier gilt es, sich selbst zu beobachten, um seine eigenen Gesprächsgewohnheiten in den Griff zu bekommen. Kommt der „Gesprächskiller" von Ihrem Gegenüber, gibt es zahlreiche Möglichkeiten, darauf souverän zu reagieren.

Sarkasmus, Ironie, Zynismus

Die Gesprächskultur der westlichen Industrienationen wird unglaublich schnell persönlich:

- „Sie haben sich einen Ferrari gekauft? Na ja, wem das Geld egal ist ..."

- „Natürlich reklamiert der Kunde da. Oder dachten Sie, er bezahlt uns dafür, dass wir ihm Ausschuss liefern?"

- „Also, ich würde meine Pölsterchen nicht mit einem derart aufreizenden, bauchfreien Top zur Schau stellen."

Ironie wirkt oft verletzend

Ironie ist etwas Schönes – solange sie nicht persönlich wird. Leider wird das oft nicht berücksichtigt. Achten Sie einmal darauf: Wir tun das gewohnheitsmäßig, und deshalb fällt uns gar nicht mehr auf, dass wir den anderen damit verletzen.

So äußern Sie Ihren Ärger neutral

Sollen Sie es wortlos ertragen, wenn jemand mit seinem Reichtum angibt? Nein, wir hatten ja gesehen, dass die Interessen beider bzw. aller Gesprächspartner gleich wichtig sind. Wie äußern Sie Ihren Ärger also gesprächsverträglich?

- Per Ich-Botschaft: „Mir ist mein Geld zu schade, um mir ein Auto davon zu kaufen." „Na ja, teuer ist der Ferrari schon – aber er ist eben ein Jugendtraum!" Das Gespräch läuft ohne Missstimmung weiter, und Sie sind durch die Reaktion Ihres Gesprächspartners sogar bei einem richtig tollen Small Talk-Thema gelandet: Jugendträume.

- Per Frage: „Warum erstaunt Sie die Reklamation des Kunden?" „Weil für ihn dieser spezifische Mangel überhaupt keine Rolle spielt." „Tatsächlich? Erzählen Sie mal!" Das Gespräch läuft locker weiter

Versteckte Vorwürfe

Gerade die kleinen und scheinbar harmlosen Gespräche stecken oft voller heimlicher Vorwürfe:

- „Das Gartentorschloss klemmt schon lange. Aber das merkt man natürlich nicht, wenn man (wie du!) keine Gartenarbeit macht."

- „Ich habe Ihnen gestern eine E-Mail geschickt, weil ich Sie seit Tagen telefonisch nicht erreichen kann (Sie haben gefälligst erreichbar zu sein!)."

Talken Sie vorwurfsbereinigt!

Small Talk ist oft unerträglich, wenn zwei Beziehungspartner beteiligt sind. Denn die bringen gern Vorwürfe in ihren Aussagen unter. Doch ständige Sticheleien vergiften das Gesprächsklima – und natürlich vor allem das Beziehungsklima.

Das kommt übrigens nicht nur bei Ehepaaren vor, sondern auch bei langjährigen Geschäftspartnern.

> Wer versteckte Vorwürfe im Small Talk unterbringt, führt das falsche Gespräch.

Versteckte Vorwürfe bringen gar nichts. Im Gegenteil. Sie eskalieren und vergiften die Atmosphäre. Außerdem: Vorwürfe gehören nicht in einen Small Talk. Wenn Sie einen Konflikt bereinigen wollen, dann führen Sie ein Konfliktgespräch. Sie schalten ja auch nicht den Backofen an, wenn Sie fernsehen wollen.

Hinweis: Wie Sie Konflikte im Berufsleben erkennen und lösen, erfahren Sie im TaschenGuide „Konflikte im Beruf".

So vermeiden Sie Vorwürfe

Zwei der besten Instrumente, um Vorwürfe zu vermeiden, kennen Sie schon. Erinnern Sie sich? Es sind:

- Ich-Botschaften: „Ich komme mir bei der Gartenarbeit so einsam und verlassen vor. Ich habe den Eindruck, dass der Garten nur meine Angelegenheit ist und du ihn lieber zum Rasen einsäen würdest." Der andere wird nicht provoziert und kann sich erklären.

- Fragen: „Kann es sein, dass Sie gestern nicht erreichbar waren?" Fragen sind das beste Mittel, um Gespräche nicht eskalieren zu lassen und die Sachbotschaft („Deshalb sprechen wir erst heute miteinander") trotzdem zu vermitteln.

Wenn Sie angegriffen werden

Dass Sie gut und gern auf verletzende Ironie, Zynismus, Sarkasmus und versteckte Vorwürfe verzichten können, heißt noch lange nicht, dass anderen das auch gelingt. Oft können sie es nicht. Lernen Sie deshalb, zwischen gutmütigen und bösartigen Sticheleien zu unterscheiden und damit so umzugehen, dass Sie nicht verletzt sind oder verletzend werden.

Spielen Sie einfach mit

Vor allem Männer sticheln gern: „Na, Ihr letztes Projekt war ja ein Riesendesaster." Viele Small Talk-Neulinge reagieren auf so eine Bemerkung sprachlos, schockiert und vielleicht sogar beleidigt. Dabei machen gerade Männer solche Kommentare oft mit einem Augenzwinkern. Achten Sie auf die entsprechenden Körpersignale, und vergegenwärtigen Sie sich:

> Gutmütige Frotzeleien sind ein beliebtes Small Talk-Spielchen.

Es ist wie beim Autoscooter auf dem Volksfest: Man kollidiert zwar miteinander – aber Sie sitzen in einem Spielauto. Spielen Sie also einfach mit. Warum sticheln Menschen gegeneinander? Weil es leicht ist und weil man damit garantiert ein gemeinsames Thema gefunden hat. Sticheln Sie mit! Es ist nur ein Spiel. Bevor es verletzend wird, können Sie sich immer noch abgrenzen oder aussteigen.

So reagieren Sie locker auf Angriffe

- Selbstironie ist der beste Spielzug, denn sie zeugt von einem unerschütterlichen Selbstvertrauen: „Klar war das ein Desaster. Ich schleiche seither nur noch mit Sonnenbrille und Trenchcoat durch die Firma."

- Wenn Sie richtig selbstbewusst sind, können Sie sogar noch einen drauf setzen: „Desaster? Nein, mein Lieber, das war eine Jahrhundertkatastrophe."

- Wenn Ihnen nicht der Sinn nach Selbstironie steht, fahren Sie eine gepflegte Retourkutsche: „Na, dann können wir uns ja die Hand reichen. Denn nach allem, was man hört, war Ihre letzte Kampagne auch nicht gerade der Hit."

Den anderen abwerten

Abwertungen sind Gesprächstorpedos, die meistens unabsichtlich abgefeuert werden:

- „Na, so schlimm ist es doch auch wieder nicht."
- „Nun übertreiben Sie mal nicht."
- „Das hast du sicher falsch verstanden."

Dass solche versteckten Unverschämtheiten in einem Gespräch zwischen zivilisierten Menschen auftauchen, zeugt nicht gerade von einer fortschrittlichen Gesprächskultur.

Unsere Fähigkeit zum Respekt zeigt sich gerade, wenn der andere Unsinn redet. Sind wir auch dann noch fähig, ihn zu respektieren?

Lernen Sie, Inhalt und Person voneinander zu trennen: Korrigieren Sie den Inhalt – nicht die Person. Wie das geht? Auch das wissen Sie bereits: mit Ich-Botschaften und Fragen.

> Eines der obersten Gebote des Small Talks lautet: Respektiere den anderen!

Auf Abwertungen reagieren

Dass Sie sich Abwertungen verkneifen, heißt nicht, dass andere es auch tun. Im Gegenteil, Sie werden relativ häufig damit konfrontiert werden: „Ich verstehe überhaupt nicht, warum Sie solchen Bammel vor der Steuererklärung haben. Das ist eine Sache von zwei Stunden." Nach so einer Abwertung begehen viele meist einen von zwei Fehlern: Sie

— kochen stumm vor sich hin oder
— verteidigen sich beleidigt: „Ich bin eben kein Steuerfachmann wie Sie!"

Grenzen Sie sich in solchen Situationen ab

Beide Reaktionen sind unbefriedigend. Die erste bringt Ihnen nichts außer Ärger. Die zweite ebenfalls, denn sie provoziert einen Streit: „Ich bin auch kein Experte! Aber das kann doch inzwischen jedes Kind!" „Wenn das so einfach ist, wozu gibt es dann Steuerberater?" Und so weiter. Das ist zwar auch unterhaltsam, aber kein Small Talk.

> Menschen ohne Gesprächskompetenz verteidigen sich. Menschen mit Gesprächskompetenz grenzen sich ab.

Sich abzugrenzen ist eine Fähigkeit, die erlernt werden kann. Es bedeutet einfach: Deutlich und höflich die Grenze zwischen sich und dem anderen ziehen. Sich abzugrenzen heißt, für den Standpunkt des anderen Verständnis zeigen, aber nicht vom eigenen Standpunkt abweichen. In unserem Beispiel könnten Sie so reagieren: „Schön, dass Ihnen die Steuererklärung keine Probleme bereitet. Ich finde sie furchtbar kompliziert."

Weitere Möglichkeiten der Abgrenzung:

- „Ich verstehe, dass dir das nicht gefällt. Bitte versteh du auch, dass es mir wichtig ist."

- „Natürlich sieht das bei Ihnen ganz anders aus. Bei mir ist es leider so; da beißt die Maus keinen Faden ab."

- „Sicher fällt es Ihnen schwer, sich in meine Haut zu versetzen. Aber ich stecke nun mal drin."

- „Ich akzeptiere Ihren Standpunkt. Akzeptieren Sie auch meinen?"

Vermeiden Sie Sprachmüll

Wenn Sie Politikern zuhören, fallen Ihnen die vielen hohlen Floskeln, nichts sagenden Formulierungen und Allgemeinplätze auf. Das ist so genannter Sprachmüll, der zwar mit viel Aufwand produziert wird, ein vernünftiges Gespräch aber nur belastet.

Entrümpeln Sie Ihr Small Talk-Vokabular

Leider steckt in jedem von uns ein kleiner Politiker. Wir alle wollen als etwas Besseres erscheinen, als wir sind. Deshalb blasen wir uns verbal auf.

Natürlich bemerken die anderen dies. Deshalb gilt: Vermeiden Sie beim Small Talk Sprachmüll in jeder Form! Das wird nie ganz gelingen. Doch wenn Sie immer mal wieder unnötige Wiederholungen, Floskeln und Fremdwörter aus Ihrem Sprachgebrauch verbannen, halten Sie Ihre Sprache für andere angenehm und wirkungsvoll. Sie üben sozusagen Sprachhygiene. Und Sauberkeit zahlt sich bekanntlich aus.

Wiederholungsticks

Der Mensch ist ein Gewohnheitstier. Hat er erst mal ein Lieblingswort gefunden, kommt er nicht mehr davon los. Viele sagen zum Beispiel ständig „sozusagen", „und so weiter", „total", „nicht wahr?". Bei anderen fällt uns der Wiederholungstick sofort auf – bei uns selbst nicht.

Das nennt man den blinden Fleck der Eigenwahrnehmung. Überwinden Sie ihn, indem Sie sich ganz bewusst zuhören und sich fragen: Welches Wort wiederhole ich zu oft? Dann können Sie diese Marotte, die anderen auf die Nerven geht, abstellen.

Floskeln

Wenn Peter etwas nicht gut findet, sagt er: „Das ist auch nicht das Gesündeste!" Beim ersten Mal ist das lustig, schon beim zweiten Mal wird es als Floskel wahrgenommen. Floskeln langweilen und gelten als oberflächlich.

Floskeln geben Sicherheit, aber sie nerven

Beispiel: Je öfter, desto schlechter

 Ferdinand ist Telefonverkäufer. Wenn er seine Stammkunden anruft, sagt er jedes Mal: „Ich begrüße Sie ganz herzlich!" Gerade weil diese Wendung so auffällig von der üblichen Grußformel abweicht, bemerken es die Kunden und es geht ihnen durch die ständige Wiederholung schrecklich auf die Nerven.

Wird Evelyn nach Ihrer Beurteilung von Mitarbeitervorschlägen gefragt, sagt sie jedes Mal: „Nach eingehender Prüfung sind wir zu der Auffassung gelangt ..." Weil sie diese Floskel so oft benutzt, sagen die Mitarbeiter hinter vorgehaltener Hand: „,Eingehende Prüfung' heißt wohl, sie hat es gleich in den Papierkorb geworfen!"

Warum verwenden wir so oft Floskeln? Weil sie Sicherheit geben. Wer immer wieder „in diesem unserem Lande" sagt, bewegt sich auf sicherem Terrain, riskiert nichts. Und er gewinnt erst einmal Zeit, um zu überlegen, wie es anschließend weitergeht. Auf andere wirkt die häufige Verwendung immer gleicher Wendungen eher lächerlich oder sogar abstoßend. Wer Floskeln verwendet, riskiert also nur, nicht ernst genommen zu werden.

Durchforsten Sie Ihren Sprachgebrauch auf Floskeln und verbannen Sie sie.

Um sicherzugehen, können Sie dazu auch gute Freunde befragen – diese werden Ihnen sicherlich auf Anhieb einige
Ihrer sprachlichen Marotten nennen können.

Übersetzen Sie Ihre Floskeln in die tatsächliche Bedeutung

Wer eine eigene Meinung hat, braucht keine Floskeln. Also
feilen Sie lieber an der eigenen Meinung als an den Floskeln.
Das macht etwas mehr Mühe, zahlt sich aber aus. Und dann
übersetzen Sie die Floskeln, die Ihnen noch immer ganz automatisch auf der Zunge liegen, ganz einfach in das, was sie
eigentlich bedeuten.

Fremdwörter

Wer beim Small Talk zu viele oder zu ausgefallene Fremdwörter benutzt, wirkt snobistisch und oberlehrerhaft. Ersetzen
Sie Fremdwörter deshalb möglichst konsequent. Sprechen Sie
einfach. Manchmal geht es natürlich nicht ohne. Vor allem,
wenn die Fremdwörter etwas treffender erklären als das
deutsche Wort oder wenn sie gebräuchlich sind.

Fachbegriffe aus Ihrem Beruf, die Ihren Gesprächspartnern
vermutlich unbekannt sind, sollten Sie ebenfalls vermeiden.
Oder sie zumindest nebenbei mit ein, zwei Wörtern erläutern.

So werden Sie zum Small Talk-Profi

Erfolgsfaktor Wunscherfüllung

Schon mit relativ wenig Gesprächserfahrung werden Sie bemerken: Manche Gespräche laufen super, andere wieder nicht. Was macht den Unterschied aus? Klar: ob man sich verstanden hat, ob die Chemie stimmt.

Gespräche laufen gut, wenn alle bekommen, was sie wollen

Doch wann entsteht eine stimmige Chemie? Das ist im Grunde ganz einfach: Ein Gespräch gelingt dann, wenn alle das bekommen, was sie wollen.

Einer der wesentlichen Faktoren für den Gesprächserfolg (und für Erfolg überhaupt) ist die Wunscherfüllung. Geben Sie dem anderen, was er sich wünscht, holen Sie sich, was Sie sich wünschen – und es wird automatisch ein gutes Gespräch. Sie sehen daran:

> Was Sie sagen, ist gar nicht so wichtig. Also zerbrechen Sie sich nicht den Kopf über Ihre Wortwahl. Viel wichtiger ist, dass Sie die Wünsche des anderen erfüllen.

Probates Mittel bei schwierigen Gesprächspartnern

Die Wunscherfüllung ist auch das einzig sichere Rezept, mit dem Sie selbst mit gänzlich unsympathischen oder schwierigen Menschen Small Talk pflegen können. Wenn Sie mit jemandem überhaupt nicht klar kommen, fragen Sie sich einfach: Was will dieser Mensch von mir? Mit dieser Frage und der Antwort darauf wird es Ihnen in brenzligen Situationen schon viel besser gehen.

- Ein zickiger Chef will Sie nicht quälen – er will lediglich Dampf ablassen, weil ihn irgendetwas anderes aufgeregt hat. Lassen Sie ihn. Er meint ja nicht Sie.

- Ein nörgelnder Beziehungspartner will Ihnen nicht klar machen, dass man zum Dinner keine Karos trägt. Er will nur seinen Frust loswerden und ergreift dabei den erstbesten Vorwand. Helfen Sie ihm bei der Frustbewältigung.

- Jemand, der beim Small Talk ständig mit seinen beruflichen Erfolgen oder Hobbys daherkommt, will Sie nicht langweilen. Er ist einfach ein armer Kerl, der keine interessanten Themen kennt, aber trotzdem mit einer Menschenseele reden und anerkannt werden will. Sprechen Sie mit ihm, geben Sie ihm Anerkennung. Das kostet Sie nichts.

Menschen wollen Zustimmung

Was wünschen sich Menschen am häufigsten in einem Gespräch? Ganz einfach: Zustimmung. Hört sich banal an? Sicher, doch diesem einfachen Wunsch verweigern wir uns ständig.

> Verweigerte Zustimmung ist einer der häufigsten Gesprächskiller.

Reagieren Sie mit Verständnis statt mit Ratschlägen

Beobachten Sie die Gespräche um sich herum einmal (und danach Ihre eigenen):

- „Mein Kleiner schläft nicht durch, ich bin total übernächtigt!" „Dann versuch es doch einfach mal mit ..." Wollte die Freundin das hören? Nein, sie wollte keinen Rat, sie wollte Zustimmung: „Ja, das glaube ich, das geht einem an die Kondition, was?"

- „Erstaunlich, wie weit er in seinem Alter noch joggt, nicht wahr?" „Na ja, wenn man so oft trainiert wie er." „Aber erstaunlich ist es doch, oder?" Hier hört einer einfach nicht zu: Der Partner will keine Erklärung, er will Zustimmung: „Ja, das wundert mich auch immer wieder."

- „Ich habe heute überhaupt keine Lust aufs Arbeiten." „Komm, reiß dich am Riemen, man muss auch mal ohne große Lust arbeiten können." Wer will das hören? Wohl eher will man hören: „Das kenne ich, so geht's mir manchmal auch."

Sie können davon ausgehen, dass das Gespräch wunderbar verläuft, wenn Sie den Menschen zustimmen – egal, was diese sagen.

Erst zustimmen, dann widersprechen

Selbst wenn Sie jemandem widersprechen wollen, stimmen Sie ihm erst einmal zu. Also nicht: „Nein, das finde ich gar nicht!", sondern: „Ja, das kann ich gut verstehen. Ich finde allerdings, dass man auch ..."

> Stimmen Sie erst zu – danach können Sie sich ohne Probleme abgrenzen.

Auf Widerspruch reagiert jeder empfindlich: Das Gespräch eskaliert oder stockt. Warum? Weil Menschen Widerspruch persönlich nehmen. Sie glauben, dass Sie mit Ihrem Widerspruch nicht ihre Meinung, sondern sie selbst ablehnen. Also zeigen Sie zuerst mit Ihrer Zustimmung, dass Sie die Person selbst respektieren. Je mehr Wünsche Sie Ihren Gesprächspartnern erfüllen, desto besser läuft Ihr Small Talk und desto mehr werden Sie beachtet und geachtet.

Menschen wünschen sich Aufmerksamkeit

Was wünschen sich Menschen neben Zustimmung? Aufmerksamkeit! Überprüfen Sie Ihr Small Talk-Verhalten. Widmen Sie den anderen genug Aufmerksamkeit, und zeigen Sie es ihnen auch? Sie verweigern Ihrem Gegenüber die gewünschte Aufmerksamkeit, ohne es zu merken geschweige denn zu wollen, wenn Sie ...

- ... aus den Augenwinkeln die Dinge um sich herum betrachten, während der andere spricht.

- ... stumm wie ein Fisch zuhören, anstatt Aufmerksamkeitssignale wie „hm", „aha", „ja", „sicher" von sich zu geben.

- ... in Ihrer Mimik, Gestik und Körperhaltung nicht die Mimik, Gestik und Körperhaltung des anderen spiegeln.

- ... seine Gefühle nicht spiegeln.

Aufmerksamkeit muss man bewusst signalisieren; das geschieht nicht von allein. Wann immer Sie mit Menschen reden, fragen Sie sich also: Bin ich aufmerksam? Zeige ich das auch? Wie? Kommt das Signal an?

So zeigen Sie Interesse

Wirkliches Interesse bedeutet nicht, mit offenem Mund zuzuhören. Es bedeutet auch nicht, Kommentare von sich zu
geben wie

- „Das ist ja hochinteressant!"
- „Wie spannend!"
- „Ach ja, tatsächlich?"

Sie wissen es inzwischen: Das sind Floskeln, die Interesse
heucheln sollen und rasch enttarnt werden. Interesse erkennt
man, wie wir ebenfalls schon gesehen haben, an Fragen.
Wenn Sie etwas interessiert, möchten Sie mehr und Genaue-
res wissen. Also fragen Sie.

Signalisieren Sie Verständnis

Die Floskeln verraten uns

Wir sind ja alle so tolerant und verständnisvoll – von wegen!
Das Gegenteil ist der Fall. Die Floskeln, mit denen wir Unver-
ständnis bekunden, werden anderen tagtäglich nur so um die
Ohren gehauen:

- „Sie finden das zu komplex? Das verstehe ich nicht!"
- „Was gibt es da für ein Problem?"
- „Wieso ist das zu schwierig?"
- „Ich verstehe nicht, wie Sie das sagen können!"

Gewiss: In dem Moment, in dem wir das sagen, verstehen wir den anderen tatsächlich nicht. Aber dass Sie den anderen nicht verstehen, heißt noch lange nicht, dass Sie ihm das auch mitteilen müssen!

So vermitteln Sie dem anderen Verständnis

Der andere fühlt sich durch solche Reaktionen zurückgewiesen. Denn die Botschaften, die er dahinter vermutet, lauten: „Ich will dich nicht verstehen." Oder: „Mensch, bist du dumm!" Wollen Sie das vermitteln? Bestimmt nicht – zumindest nicht immer.

> Wenn Sie Unverständnis in sich aufsteigen fühlen, halten Sie bewusst inne, und bemühen Sie sich um Verständnis.

Die Auswahl der Formulierungen, die Ihnen in solchen Momenten helfen, ist groß. Wie wäre es mit:

- „Augenblick mal – erklären Sie mir, was Sie darunter verstehen?"

- „Ich verstehe ja, dass du betroffen bist. Aber was macht dich so wütend?"

- „Tatsächlich? Sie finden das schwierig? Warum denn?"

- „Ich stehe gerade auf dem Schlauch – warum geht das nicht?"

Womit bekunden dagegen die meisten Menschen ihr Verständnis? Mit der Floskel „Ich verstehe dich". Das ist eine Antwort, hinter der sich meist Unverständnis versteckt. Denn Verständnis bekundet man nicht, man zeigt es. Verständnis kommt von „verstehen". Und wenn man nicht verstanden hat, kann man auch kein Verständnis zeigen. Wer verstanden hat, muss sein Verständnis nicht beteuern, er kann es zeigen:

- „Wenn Sie es so erklären, dann ist mir das auch klar."
- „Ach so, du hast noch nie mit Excel gerechnet – dann ist das allerdings ein Problem!"
- „Sie haben damit schlechte Erfahrungen gemacht? Dann ist mir klar, warum Sie sauer sind."

Das ist Verständnis. Denn hier hat jemand etwas verstanden und zeigt es auch. Und das merkt der Gesprächspartner.

Bezeugen Sie Respekt

Respekt ist eine Tugend, die uns heutzutage weitgehend abhanden gekommen ist. Wie wertvoll sie ist, erkennen Sie an ihrer Wirkung: Allein mit Respekt können Sie schon tadellose Gespräche führen. Je respektloser Sie sind, desto schwerer tun Sie sich im Small Talk.

Sind Sie manchmal aus Versehen respektlos?

Im täglichen Gespräch finden sich zahlreiche Respektlosigkeiten, Zeichen dafür sind zum Beispiel:

- Den anderen ständig zu unterbrechen – das passiert meist unbewusst. Aber das heißt nicht, dass es entschuldbar ist, sondern dass man es sich bewusst machen sollte!
- Deutlich mehr zu reden als die anderen – ebenfalls eine unbewusste Respektlosigkeit. Small Talk ist paritätisch: Jeder soll etwa gleich lange zu Wort kommen.

- Gesprächskiller wie Vorwürfe, Angriffe oder Abwertungen.

- Sprachmüll wie Wiederholungen und Floskeln.

- Rechthaber-Orgien sind zwar unterhaltsam, hinterlassen aber allseits einen faden Geschmack.

Gerade dann, wenn man anderer Meinung ist, sollte man sich um Respekt bemühen. Das ist wahre Größe, die einem Gespräch gut tut. Bevor Sie also widersprechen, überlegen Sie, ob Sie es nicht respektvoll versuchen könnten.

So schließt sich der Kreis

Aufmerksamkeit, Zustimmung, Interesse, Verständnis und Respekt zu signalisieren – das ergibt im Small Talk einen geschlossenen Kreis:

Der Kreislauf der Wunscherfüllung
▪ Das erste Gebot im Gespräch ist Aufmerksamkeit.
▪ Wenn Ihre Aufmerksamkeit dem anderen eine Äußerung entlockt, dann geben Sie dieser Ihre Zustimmung.
▪ Dann zeigen Sie Ihr Interesse am Angesprochenen.
▪ Sie versichern ihn Ihres Verständnisses.
▪ Sie bezeugen ihm den gebührenden Respekt.
▪ Sie verfolgen seine Äußerungen aufmerksam – und so weiter.

Die Reduktionsformel: Lassen Sie den anderen gelten

Falls Sie den Kreislauf von Aufmerksamkeit bis Respekt etwas komplex finden: Es geht auch einfacher. Wie formulierten es unsere Großmütter? „Man muss den anderen gelten lassen."

Akzeptieren Sie einfach seine andere Meinung. Er ist nicht seltsam, er ist einfach nur anders. Lassen Sie ihn gelten. Das tut dem Gespräch gut, und es tut Ihnen gut. Gewiss, diese Fähigkeit zur Toleranz kommt nicht über Nacht. Wer sein Leben damit verbracht hat, anderen zwischen den Zeilen seine Meinung aufzudrängen, wird dieses Laster nicht im Handumdrehen los. Aber mit etwas Geduld und Übung ist das kein Problem. Auch daran erkennen Sie:

> Small Talk ist weniger eine Frage der Gesprächstechnik als der geistigen Haltung.

Die tollste Fragetechnik nützt nämlich wenig, wenn Sie finden: „Ich muss immer und überall Recht haben!"

Ziele erreichen mit Small Talk

Es liegt auf der Hand, dass ein Mensch, der einem anderen mit Aufmerksamkeit, Interesse, Verständnis und Respekt gegenüber tritt, den Gesprächspartner manipulieren kann. Denn wo bekommt ein Mensch heute noch diese für die seelische Gesundheit unerlässlichen Dinge geschenkt?

Die entscheidende Frage ist: War es das wert?

Besonders typisch ist dies für Verkaufssituationen: Ist der
Verkäufer ein netter Plauderer, bekommen Sie die gewünschte Aufmerksamkeit und der Verkäufer den Umsatz. Im Alltag
geht es dabei nicht selten um die kleinen Freuden des Alltags, etwa die frischen Brötchen oder den besonders saftigen
Schinken. Sie schmecken bei einem bestimmten Bäcker oder
Metzger häufig nur deshalb besser, weil wir mit ihm über
dies und das sprechen können und dabei das Gefühl haben,
dass er sich für uns interessiert.

Das zeigt uns zweierlei: Erstens wissen natürlich auch gute
Verkäufer, wie Small Talk funktionieren kann – dem anderen
Aufmerksamkeit schenken, seine Sympathie gewinnen, um
seine Interessen besser durchzusetzen. Ein Small Talk-Profi
zu sein bedeutet also auch, sich beim Umgang mit anderen
Small Talk-Profis bewusst zu sein, dass diese Sie unter Um-
ständen zu bestimmten Handlungen bewegen möchten.
Damit bewahren Sie sich Ihre Handlungsfreiheit.

Wir alle freuen uns über Aufmerksamkeit und Zustimmung.
Deshalb ist zweitens für unser Wohlbefinden die Frage entscheidend: War es das wert? Haben wir einen fairen Tausch
gemacht? Die Antwort ist in vielen Fällen: Ja.

Es lohnt sich für beide

Sehen Sie sich Spitzenverkäufer, Topberater, Supermanager
und Partylieblinge an, also Menschen, die Erfolg haben und
beliebt sind. Sie werden schnell feststellen: Je weiter es ein

Mensch im Leben gebracht hat, desto besser kann er seine Interessen durchsetzen.

Wie er das macht? Ganz einfach: Er redet mit den Menschen. Er macht Small Talk. Dabei erfüllt er ihnen ihre Wünsche. Er

— nimmt sie ernst,
— lacht über ihre Witze,
— drängt ihnen keine unerwünschten Ratschläge auf, sondern zeigt Verständnis für ihre Probleme,
— geht auf ihre Sorgen und Nöte ein,
— zeigt ihnen Respekt,
— lacht, schimpft, trauert und feiert mit ihnen.

Also: Wenn Sie bestimmte Ziele erreichen möchten, machen Sie Small Talk mit Ihrem Partner, Ihrem Chef, Ihrem Kunden und Kollegen. Und wenn er Ihnen danach einen Wunsch erfüllt, dann haben Sie einen fairen Tausch gemacht. Sie haben etwas bekommen und er genauso.

Erfüllen Sie sich Ihre Wünsche

Sie haben jetzt eine Menge darüber gelernt, wie Sie „ankommen", indem Sie anderen ihre Wünsche erfüllen – wer aber erfüllt Ihre Wünsche?

Sie sollten nicht nur geben, sondern auch bekommen

Man kann nicht nur geben. Man muss auch bekommen. Denn schließlich erwarten wir auch Aufmerksamkeit und Respekt für uns selbst. Diese Erwartung ist verständlich, führt aber fast immer zu einer Gesprächsstörung. Nämlich genau dann, wenn wir etwas erwarten, was wir nicht bekommen können, weil der andere unseren Wunsch nicht spürt oder uns nicht das geben kann, was wir wollen.

Beispiel: Enttäuschte Erwartungen

 „Ich finde den neuen James-Bond-Film einfach toll." „Ach, so was Pubertäres schauen Sie noch an?" „Der neue Hauptdarsteller ist klasse." „In seiner letzten Rolle fand ich ihn besser." „Aber die Tricks waren wieder super!" „Also ich lege mehr Wert auf Handlung." „Die Handlung war diesmal echt gut." Und so weiter. Das Gespräch läuft offensichtlich schief. Warum? Weil ein Partner Erwartungen hat, die der andere nicht erfüllt. Er erwartet Zustimmung, bekommt sie aber nicht.

> Prüfen Sie Gesprächspartner, aktuelles Gesprächsthema und Situation bewusst: Werden Ihre Wünsche erfüllt?

Was tun, wenn Sie bemerken, dass der andere nicht auf Sie eingeht? Aber der Kontakt gerade mit ihm wichtig ist, z.B. aus beruflichen Gründen? Dann stellen Sie Ihre Erwartungen zurück, und schalten Sie radikal um: Wenn der Partner schon unfähig ist, auf Sie einzugehen, so gehen Sie wenigstens auf ihn ein. Das rettet das Gespräch.

Wenn das Gespräch mit dieser einen Person jedoch nicht für Ihr Networking oder berufliches Fortkommen unbedingt notwendig ist, sollten Sie sich einen „geeigneteren" Partner suchen. Ein Partner, von dem Sie wissen, dass er Ihnen gibt, was Sie sich wünschen.

Erziehen Sie sich Ihre Small Talk-Partner

Wenn Ihnen diese Lösung zu resignativ ist, können Sie Ihr weniger gesprächskompetentes Umfeld auch erziehen. Natürlich nicht mit Vorwürfen: „Hör mal, wenn ich den Bond prima finde, dann musst du ihn nicht um jeden Preis runtermachen!" Vorwürfe sind das denkbar ungeeignetste Erziehungsinstrument. Geben Sie lieber Feed-back: „Ich verstehe, dass du nicht auf Actionfilme stehst. Ich wäre dir trotzdem dankbar, wenn du meine Vorlieben gelten lassen würdest. So wie ich deine gelten lasse."

Körpersprache beim Small Talk

Wer noch mit Sprechhemmungen und der Wortwahl kämpft, sollte sich keine Gedanken über die nonverbale Sprache beim Small Talk machen. Das lenkt nur zusätzlich ab. Anfänger werden dadurch noch mehr verunsichert.

Wer sich dagegen kaum mehr Gedanken über Formulierungen machen muss, weil die Worte fast schon von allein kommen, sollte sich auch seiner Körpersprache bewusst werden. Small Talk sollte entspannt und entspannend sein – und das muss auch Ihre Körpersprache signalisieren. Achten Sie deshalb auf Folgendes:

Worauf Sie bei Ihrer Körpersprache achten sollten

- Halten Sie Blickkontakt. Natürlich kann man hin und wieder zur Tür, zum Nachbartisch oder in den Raum schauen. Aber wenn dies ständig passiert, vermittelt es dem Gesprächspartner die implizite Botschaft: „Du bist mir nicht so wichtig wie das, was sonst noch passiert."

- Rücken Sie dem anderen nicht zu dicht auf „die Pelle", aber stehen Sie auch nicht zu weit weg (Armlänge ist die Distanz, die als angenehm empfunden wird).

- Vermeiden Sie „Übergriffe", wie den anderen auf die Brust zu tippen, an der Hand oder am Arm zu fassen, auf die Schulter zu hauen ... Small Talk wird körperlos gespielt. Vor allem sollten sich Männer verkneifen, einer jüngeren Frau die Hand auf den Arm oder die Schulter zu legen. Das ist vielleicht väterlich gemeint, kommt aber nicht so an.

- Achten Sie auf Gesten, die Nervosität und Hektik signalisieren. Zupfen Sie nicht an Kleidung, Schmuck, Haaren, spielen Sie nicht mit dem Glas, dem Kuli etc. herum. Wer nervös wirkt, wirkt oft auch unsympathisch.

- Gewöhnen Sie sich fuchtelnde oder weit ausholende Hand- und Armbewegungen ab. Das irritiert den Gesprächspartner.

- Lächeln Sie, wann immer Sie daran denken und Ihnen danach ist (Lächeln muss authentisch sein, sonst bewirkt es das Gegenteil). Wer lächelt, wirkt übrigens intelligenter.

- Lümmeln und fläzen Sie nicht herum.

- Stehen Sie aber auch nicht da wie ein Preußischer Gardemajor, sondern aufrecht, doch locker.

- Wohin mit den Händen? Maximal eine darf in den Taschen verschwinden. Wer unsicher ist: mit der anderen ein Glas, eine Mappe oder eine andere, der Situation entsprechende Utensilie halten. Aber spielen Sie nicht damit herum.

- Falls Sie auf den Fußballen wippen, wenn Sie nervös sind, sollten Sie sich das abgewöhnen, es vermittelt Unruhe.

- Wer nervös ist, kann einen alten Rhetorikertrick anwenden: einen kleinen, pflaumengroßen Gummiball in der Tasche kneten. Das baut die Anspannung ab. Man kann stattdessen auch ein Taschentuch nehmen.

Überprüfen Sie Ihre Ausstrahlung

Wenn Sie sich noch als Small Talk-Anfänger empfinden, sollten Sie sich erst einmal darauf konzentrieren, Kontakt zum Gegenüber und die passenden Wörter zu finden. Wenn beides kein Problem mehr ist, können Sie weiter denken, zum Beispiel an Ihre Körpersprache oder an Ihre Ausstrahlung.

Die Ausstrahlung wirkt stärker als Worte.

Wer eine angenehme Ausstrahlung hat, wirkt sympathisch – da ist es gar nicht mal so wichtig, was er sagt. Andersherum schon: Hat ein Mensch eine negative Ausstrahlung, legen wir jedes seiner Worte auf die Goldwaage – oder hören nur mit halbem Ohr zu. Deshalb sollten Sie zwar darauf achten, was Sie sagen, noch mehr aber darauf, was Sie ausstrahlen.

Nehmen Sie sich wahr

Um Ihre Ausstrahlung zu überprüfen, fragen Sie sich:

- „Wie war meine Ausstrahlung?" Meistens denkt man erst nach einem Gespräch daran, sich zu fragen, was man ausgestrahlt hat. Das ist für den Anfang auch in Ordnung.

- „Was strahle ich gerade aus?" Mit der Zeit achten Sie früher auf Ihre Ausstrahlung. Das hat den Vorteil, dass Sie diese noch während des Gesprächs korrigieren können.

- „Welche Ausstrahlung möchte ich haben?" Sich vor einem Gespräch darüber Gedanken zu machen ist natürlich am nützlichsten.

Verlassen Sie sich bei der Antwort auf zwei zuverlässige Indikatoren: Ihr Gefühl und Ihre Eigenwahrnehmung.

Achten Sie auf Ihre innere Stimme

Unser Gefühl – der Instinkt, der gesunde Menschenverstand – sagt uns genau, was wir ausstrahlen. Diese innere Stimme kommentiert verlässlich, wir müssen sie nur hören. Beispielsweise sagt sie: „Du warst aber eben etwas verkrampft." Oder: „Warum fuchtelst du so mit den Händen herum? Sei doch nicht so hektisch."

Versuchen Sie, zwischen innerer Stimme und innerem Kritiker unterscheiden zu lernen. Wenn Sie die übermäßige Selbstkritik abziehen, kommt das Körnchen Wahrheit hervor, die innere Stimme, das „Bauchgefühl". Verlassen Sie sich auf dieses Gefühl, es ist unbestechlich.

Beobachten Sie sich

Neben der inneren Stimme ist die Eigenwahrnehmung ein guter Indikator für Ihre Ausstrahlung. Sie können Ihre Ausstrahlung beurteilen, indem Sie sich mit den Augen anderer betrachten, mit deren Ohren hören:

- Sie haben oben einiges über Körpersprache gelesen: Welchen Eindruck vermittelt Ihre Körpersprache auf andere?

- Überprüfen Sie sich aus der Sicht der anderen: Neigen Sie zu Widerspruch, Besserwisserei, Rechthaberei? Fallen Sie anderen ins Wort, verbessern Sie sie? Sprechen Sie zu viel? Das alles bewirkt eine negative Ausstrahlung.

- Wenn Sie dagegen die anderen auch zu Wort kommen lassen, ihnen aufmerksam zuhören, ihnen Verständnis geben, vermittelt das eine positive Ausstrahlung.

- Wenn Sie ständig lächeln, strahlen Sie Naivität aus. Wenn Sie dagegen an jenen Punkten lächeln, an denen Ihr Gegenüber Bestätigung, Ermunterung, Verständnis oder Anerkennung braucht, haben Sie eine positive Ausstrahlung.

Sie strahlen aus, was Sie fühlen

Das ist sehr wichtiger Aspekt: Sie strahlen das aus, was Sie fühlen. Wenn Sie sich nicht liebenswert fühlen, kann der andere Sie nicht als liebenswert wahrnehmen. Ein anderes

Beispiel: Wer sich wichtig fühlt, wirkt auch wichtig. Fühlen Sie sich also so, wie Sie wirken möchten.

Dazu fühlen Sie sich in eine Situation hinein, in der Sie das gewünschte Gefühl hatten, und nehmen es in die aktuelle Situation mit. Das ist übrigens ein Instrument der „emotionalen Intelligenz". Es gibt viele andere, und für den Small Talk wäre es nicht schlecht, sich ein paar davon anzueignen. Gerade beim kleinen Gespräch kann man die emotionale Intelligenz gut einsetzen (siehe „Literatur", Seite 126).

Small Talk-Training

Sie möchten Small Talk lernen? Mit Ihrem persönlichen Lernprogramm geht das ganz einfach.

In diesem Kapitel lesen Sie,

- wie Sie ganz nebenbei im Alltag üben können (S. 118),
- worauf Sie dabei besonders achten sollten (S. 121) und
- was Seminare und Coaching bringen (S. 124).

Das persönliche Lernprogramm

Sie können noch so viele Ratgeber lesen – davon allein wird Ihr Small Talk-Verhalten nicht besser. Small Talk lernen Sie nur beim Small Talk!

Wählen Sie eine lernfreundliche Umgebung

Wenn Sie sich noch nicht so recht trauen, ins kalte Small Talk-Wasser zu springen, dann wählen Sie für Ihr Training „Sparringspartner", Themen, Situationen und Anlässe, bei denen keine Gefahr besteht, dass Sie sich blamieren, oder es egal ist, wenn es doch passiert.

Suchen Sie sich Gesprächssituationen aus, bei denen es „klappen" könnte und bei denen es Ihnen nicht viel ausmacht, falls es nicht klappt. Typische Situationen dieser Art sind Gespräche …

- … mit dem Nachbarn im Hausflur oder vor dem Haus: Wie oft gehen Sie mit einem knappen Gruß aneinander vorbei? Wechseln Sie stattdessen einmal ein paar Worte.

- … mit einer guten Kollegin, einem guten Kollegen: Sie reden ohnehin während eines Arbeitstages immer wieder mal mit den Kollegen. Machen Sie bewusst Small Talk, wenn es sich anbietet, und probieren Sie dabei alles aus, was Sie immer schon ausprobieren wollten.

- … mit einem guten Freund, einer guten Freundin.
- … mit einem Mitarbeiter, wenn Sie eine Führungskraft sind. Denn wenn dabei etwas schief geht, ist nicht gleich der nächste Großauftrag weg.

So gewinnen Sie Sicherheit

Es macht keinen Unterschied, ob Sie mit einem guten Kollegen oder Freund reden oder mit einem wildfremden Menschen auf dem Empfang Ihres Vorstandsvorsitzenden. Menschen und Situationen mögen wechseln, doch der Small Talk bleibt immer der gleiche. Mit einem Nobelpreisträger können Sie genauso gut und lange übers Wetter reden wie mit dem Nachbarn. Denn der Nobelpreisträger ist auch nur ein Mensch, der nass wird, wenn es regnet. Vor allem aber gilt:

> Was im ungezwungenen Small Talk mit dem Nachbarn nicht funktioniert, funktioniert auch nicht, wenn es darauf ankommt.

Das ist der Sinn eines Trainings: sich fit zu machen für Situationen, in denen es drauf ankommt. Und das können Sie nur in Situationen, in denen Sie sich wegen der Folgen des Gesprächs keine Gedanken machen müssen. Je mehr solche Situationen Sie nutzen, desto sicherer werden Sie in den entscheidenden Momenten.

Steigern Sie sich langsam

Suchen Sie also unverfängliche Situationen, und nutzen Sie sie für Ihr Training. Erstellen Sie ein persönliches Trainingsprogramm:

- Nehmen Sie sich vor, mindestens einmal am Tag bewusst Small Talk zu machen.

- Steigern Sie sich nach einer Woche auf zweimal am Tag.

- Irgendwann haben Sie so viel Sicherheit gewonnen, dass Sie reif sind für das Trainingsprogramm der Profis: Die nutzen wirklich jede Situation zum Small Talk.

Jede Situation für einen kleinen Plausch zu nutzen heißt nicht, dass Sie stundenlang quatschen. Man kann in jedes Gespräch und jede Begegnung ein, zwei Sätze Small Talk einbauen. Das ist ausreichend für ein gutes Training, bringt Sie weiter und fördert die Beziehung mit den Gesprächspartnern ungemein.

Beispiel: „Mini-Small Talk"

„Hallo Wolfgang." „Hallo Susi." „Na, hat sich eure Kleine von ihrer Erkältung erholt?" „Ja, geht wieder. Sie ist fast schon wieder so frech wie vorher." „Schön, grüß Elvira von mir. Ich muss dringend ins Controlling, aber wir sehen uns ja bald." „Klar, Susi, tschüss dann."

So verschärfen Sie das Training

Am meisten Angst haben wir naturgemäß vor heiklen Gesprächssituationen. Welche Situation als prekär empfunden wird, ist jedoch von Mensch zu Mensch verschieden. Der eine hat Bammel vor dem Opernabend, der andere vor dem Mittagessen mit dem Chef.

Bereiten Sie sich auf heikle Situationen mithilfe von heiklen Situationen vor!

Suchen Sie sich bewusst heikle Situationen, um sich best-möglich vorzubereiten. Die schwierigsten Gesprächs-situationen finden Sie, genau wie die einfachsten, gleich „um die Ecke":

- Der deutsche Einzelhandel ist weltberühmt für seine wort-kargen und desinteressierten Verkäufer (Ausnahmen bes-tätigen die Regel). Wenn Sie es schaffen, mit so einem Ex-emplar einen Small Talk anzuknüpfen, kann Sie nichts mehr erschüttern.

- Dasselbe gilt für Krankenhauspersonal, das inzwischen so überlastet ist, dass es Besucher und Patienten beim Erst-kontakt manchmal am liebsten zum Teufel wünschen würde.

- Rufen Sie beim erstbesten Unternehmen an, dessen Pro-dukte Sie nutzen (nicht im Call Center, sondern direkt im Unternehmen), und bitten Sie um irgendeine Auskunft. Angesichts des miserablen Telefonmarketings vieler deut-scher Unternehmen und ihrer Mitarbeiter wird danach das Gespräch mit Ihrem schlimmstmöglichen Gesprächs-partner eine wahre Freude sein.

Was Sie beim Training beachten sollten

Achten Sie auf Rückmeldungen

Die Menschen um Sie herum geben Ihnen pausenlos Rück-meldungen zu Ihrem Gesprächsverhalten:

- „Lass mich doch auch mal was sagen!"
- „Du bist immer so kategorisch!"
- „Woher wollen Sie das denn wissen?"
- „Du immer mit deinen verrückten Vergleichen."
- „Sprechen Sie deutsch mit mir!"
- „Red nicht drum rum!"
- „Nun machen Sie's doch nicht so spannend!"
- „Bitte kommen Sie zum Punkt!"

Nutzen Sie das Feed-back, um sich zu ändern

Was machen wir normalerweise mit solchen Rückmeldungen? Wir überhören sie oder rechtfertigen uns: „Aber ich muss das doch genau erklären, sonst versteht man es nicht!" Bringt das was? Nein, denn Verdrängung löst keine Verbesserung aus.

Hören Sie stattdessen aufmerksam auf das, was andere Ihnen – auch zwischen den Zeilen – rückmelden. Und ändern Sie Ihre Sprechgewohnheiten. Auch wenn es anfänglich schwierig ist. Das ist besser, als den anderen auf die Nerven zu gehen.

Die drei Wirkungsfragen

Warten Sie nicht, bis die Menschen Ihnen sagen, dass etwas nicht stimmt mit Ihren Gesprächsbeiträgen. Beugen Sie vor. Fragen Sie sich:

- Davor: Wie wird das wirken, was ich gleich sagen werde?
- Danach: Wie hat es gewirkt?
- Was kann ich also besser machen?

Woran erkennen wir, wie wir auf andere wirken? Indem wir sie anschauen. Leider tun wir das zu selten. Wir sehen zwar, dass die Augen der anderen herumwandern und ihre Hände unruhig werden. Doch wir sind so mit dem Erzählen unserer Urlaubsstory beschäftigt, dass uns das nicht weiter auffällt. Sollte es aber. Denn wir verlieren gerade unsere Zuhörer.

> Beobachten Sie Mimik, Gestik, Körperhaltung und nonverbale Äußerungen Ihrer Gesprächspartner: Wie kommen Sie an?

Am Anfang fällt das erfahrungsgemäß etwas schwer. Wir sind im Alltagsleben normalerweise so egozentriert, dass wir den Blick für den anderen verloren haben. Doch dieser Blick lässt sich wiedergewinnen. Wer gut „smalltalken" möchte, braucht ihn!

Überzogene Erwartungen und Fehlerkultur

Sind Ihre Erwartungen realistisch?

Womit sich Menschen, die an ihrem Small Talk arbeiten, am häufigsten schwer tun, sind überzogene Erwartungen. Sie lesen ein Buch über Small Talk und erwarten dann, dass sie morgen beim Gespräch mit dem gefürchteten Chef automatisch eine gute Figur machen.

Machen Sie sich Ihre unbewussten Zielerwartungen klar. Das reicht meist schon, um sie zu relativieren. Und dann bemühen Sie sich um realistische Erwartungen.

Beim Small Talk gibt es keine „Fehler"

Das zweite häufige Hindernis auf dem Weg zu einem besseren Small Talk ist das eigene Fehler-Feed-back:

— „Was redest du denn da wieder? Du lernst das nie!"

— „Er sieht gelangweilt aus – ich bin einfach nicht unterhaltsam!"

— „Wie kann mir so ein Fehler unterlaufen?"

Machen Sie einen radikalen Schnitt: Streichen Sie den Begriff Fehler aus Ihrem Small Talk-Wortschatz. Sagen Sie sich zehnmal am Tag: Es gibt keine Fehler. Es gibt nur Feed-back. Wenn Sie an Ihrem Small Talk-Verhalten arbeiten, dann seien Sie sich selbst ein guter Trainer. Gute Trainer machen keine Vorwürfe, sondern motivieren. Sie nörgeln nicht, sondern ermutigen und belohnen. Feiern Sie Ihre kleinen und großen Erfolge. Freuen Sie sich darüber.

> Jeder kleine Erfolg, über den Sie sich bewusst freuen, verzehnfacht die Wahrscheinlichkeit, dass Sie bald wieder und noch größeren Erfolg haben.

Seminare und Coaching

Mit den Tipps aus diesem TaschenGuide und mit ein, zwei Probetalks am Tag werden Sie Ihre Gesprächskompetenz binnen zwei bis drei Wochen stark verbessern. Sie und Ihre

Zuhörer werden Sie kaum wiedererkennen. Sie werden stolz auf sich sein und Freude am Umgang mit Menschen haben.

Helfen Seminare?

Trotzdem besuchen jährlich zahlreiche Menschen Seminare, um redegewandt zu werden. Das ist nicht unbedingt notwendig – aber sie erreichen ihre Ziele auf diese Weise natürlich leichter, schneller und vor allem auf eine angenehmere Art. Denn mit einer Gruppe Gleichgesinnter zu lernen ist ein großer Trost und Ansporn.

Viele Menschen besuchen regelmäßig ein- bis zweimal im Jahr unter Umständen sogar das gleiche Seminar. Das macht durchaus Sinn: So frischen sie ihre Fähigkeiten und Kenntnisse auf. Es ist wie beim Sport: Eine Trainerstunde hier und da hat noch keinem geschadet.

Einzeltraining Coaching

Andere lassen sich in Sachen Small Talk coachen. Coaching ist, vereinfacht formuliert, ein Einzeltraining bei einem ausgebildeten Coach. Das Coaching ist meist nach einem halben Dutzend Sitzungen beendet. Oft ist das Problem auch nach einer Sitzung schon gelöst. Manche Menschen haben aus beruflichen Gründen einen Coach, der sie ständig zu wechselnden Fragestellungen betreut.

Hilfreich in bestimmten Situationen

Wenn Menschen sich im Small Talk coachen lassen, dann natürlich deshalb, weil er für sie enorm wichtig ist. Zum

Beispiel weil sie eine bestimmte Sprechhemmung nicht allein überwinden können. Weil Small Talk für sie karriereentscheidend ist. Oder weil sie sich auf Gesprächssituationen vorbereiten möchten, denen sie noch nie begegnet und die extrem heikel sind. Zum Beispiel der erste Opernball, das erste Dinner mit dem neuen Vorstand, ein Besuch bei einem Topkunden. Wenn Ihre Gesprächsaufgaben weniger problematisch sind, können Sie sich natürlich auch selbst trainieren und coachen.

Literatur

Asgodom, Sabine: Reden ist Gold. So wird Ihr nächster Auftritt ein Erfolg. München 2006

Birkenbihl, Vera F.: Kommunikationstraining. Zwischenmenschliche Beziehungen erfolgreich gestalten. Landsberg 2007

Goleman, Daniel: Emotionale Intelligenz. München 1997

Hanisch, Horst: Knigge für Beruf und Karriere. München 2006

Märtin, Doris und Boeck, Karin: EQ – Gefühle auf dem Vormarsch. München 2003

Wlodarek, Eva: Mich übersieht keiner mehr. Größere Ausstrahlung gewinnen. Frankfurt am Main 1999

Teil 2:
Training Small Talk

Das ist Ihr Nutzen

Vielen Menschen fällt es schwer, mit anderen locker zu plaudern. Dabei gibt es kaum eine bessere Möglichkeit als Small Talk, um andere kennen zu lernen und gute (Ver-) Bindungen aufzubauen. Wer Small Talk meidet, verbaut sich Chancen und schadet seiner Karriere. Denn sind es nicht gerade die kommunikativen Fähigkeiten, die von Führungskräften und Personalern so hoch geschätzt werden?

Mit diesem Teil des Buches können Sie Small Talk üben – Schritt für Schritt. Sie lernen Strategien gegen Schüchternheit und Redehemmungen zu entwickeln, ein Gespräch von selbst zu beginnen und es sicher zu führen, Schwierigkeiten zu meistern und die Zuhörer zu unterhalten. Damit legen Sie den Grundstein für erfolgreiches Networking.

Sie finden im folgenden fünf abgeschlossene Trainingseinheiten. Zu den meisten Übungen präsentieren wir Ihnen Lösungsvorschläge zur Orientierung. Ihre Lösung muss natürlich nicht genauso aussehen, vielmehr kommt es auf Ihre Kreativität an – und auch diese können Sie mit einigen Übungen weiterentwickeln. Sie werden auch manche Partnerübung finden. Denn zu zweit macht das Üben noch mehr Spaß und ist besonders inspirierend.

Die Sprachlosigkeit überwinden

In diesem Kapitel lernen Sie

- mit positiven Vorstellungen Ihre Hemmungen zu überwinden (S. 137),
- sich bei jedem Anlass elegant vorzustellen (S. 143),
- zu Beginn die richtigen Worte zu finden (S. 147)
- und sich mühelos in Gespräche einzuklinken (S. 151).

Darum geht es in der Praxis

„Die Leute hier plaudern alle so frei und ungehemmt miteinander. Was soll ich denn dazu beitragen können?" – „Small Talk ist doch oberflächlich. Über Banalitäten brauche ich mich jedenfalls nicht auszutauschen."

Sind Ihnen Gedanken wie diese nicht ganz fremd? Sind Sie jemand, der den Small Talk gerne meidet? Das sollten Sie ändern. Denn wie sonst sollen Sie neue Menschen kennen lernen? Locker parlieren zu können, hilft Ihnen nicht nur privat, sondern auch im Beruf weiter.

Als Erstes sollten Sie lernen, auf fremde Menschen zuzugehen, sie freundlich zu begrüßen und einen Gesprächsanker auszuwerfen. Oft genügen dazu schon ein paar einfache Worte, die das Eis brechen und für eine angenehme Atmosphäre sorgen.

Für alle, die sich beim Small Talk unsicher fühlen oder sogar unter Redeangst leiden, haben wir vorweg einige Übungsvorschläge zusammengestellt, die helfen Schüchternheit abzubauen und Redehemmungen zu überwinden. Wer sich in Situationen mit fremden Menschen nicht ständig innerlich zensiert, sondern sich seiner Stärken bewusst ist, wird es leichter haben, andere für sich zu gewinnen.

Schließlich lernen Sie noch, wie Sie es anstellen, sich in eine plaudernde Gruppe einzuklinken. Am Ende des Kapitels finden Sie zwei komplexere Übungen, um das Gelernte zu vertiefen und im Alltag bald mühelos anzuwenden.

Test: Wie kontaktfreudig sind Sie?

Kontaktbereitschaft ist die Grundvoraussetzung, um mit anderen Menschen einen Small Talk zu beginnen. Prüfen Sie, wie es um Ihre Kontaktbereitschaft steht. Kreuzen Sie an und zählen Sie anschließend Ihre Punkte zusammen. Die Auswertung finden Sie auf Seite 133.

So verhalten Sie sich ...	nie/ nein	sel– ten	oft/ ja
Sie sind in einer fremden Stadt und müssen öffentlich von A nach B fahren. Bevor Sie lange den Verkehrsnetzplan studieren, fragen Sie den nächsten Passanten nach einer günstigen Verbindung.	0	1	2
Sie übernehmen bei Sitzungen und Besprechungen gerne das Protokoll, aber freiwillig nie eine Präsentation.	2	1	0
Samstag. Vor dem Joggen gehen Sie in Trainingsklamotten einkaufen. Da sehen Sie von hinten eine höher gestellte Person aus Ihrem Unternehmen. Sie gehen hin, um sie zu begrüßen.	0	1	2
Sie gehen manchmal allein ins Kino.	0	1	1
Sie ignorieren es, wenn Sie auf der Straße eine unbekannte Person anspricht, die etwas verwahrlost aussieht.	2	1	0

Auf einer Party sehen Sie eine/n Bekannten, der/die sich mit einer hübschen Frau/mit einem gut aussehenden Mann unterhält. Sie steuern auf die beiden zu.	0	1	2
Sie sind in der Stadt und sehen Straßenkomödianten zu. Als diese beginnen, einzelne Leute aus dem Publikum in ihr Spiel einzubeziehen, gehen Sie schnell weiter.	2	1	0
Sie gewinnen auf einer Tombola zwei Probestunden in einer Tanzschule für 1 Persson und dürfen sich die Richtung (Standard, Salsa etc.) aussuchen. Gehen Sie hin?	0		2
Freitagnachmittag in einer fremden Stadt. Sie sitzen allein im Café und erkundigen sich bei der Bedienung, wo man abends ausgehen kann.	0	1	1
Eine befreundete Person leitet einen privaten Kreis, in dem auf lockere Weise Wissen ausgetauscht wird. Sie nehmen teil.	0	1	2
Diese Person bittet Sie, einen Vortrag über Ihr Hobby/Ihr Fachgebiet zu halten. Sie sagen sofort zu.	0		2
Sie besuchen privat einen VHS-Kurs o. Ä. oder planen demnächst einen zu besuchen.	0		2
Sie essen manchmal allein in einem Restaurant.	0	1	2
Sie wissen, aus welchem Land die Putzfrau kommt, die abends das Büro putzt.	0		2

Auswertung

Über 20 Punkte: Gratulation! Viele Ihrer Antworten lassen darauf schließen, dass Sie ein kontaktfreudiger Mensch sind und auch gerne mit Fremden plaudern.

10 bis 19 Punkte: In bestimmten Situationen fällt es Ihnen schwer, auf andere zuzugehen. Vielleicht denken Sie auch, dass Sie alleine doch ganz gut durchkommen.

0 bis 9 Punkte: Sie gehören offenbar zu den eher schüchternen Menschen, die sich scheuen, Fremde anzusprechen.

Sehen Sie sich die Fragen, bei denen Sie 0 Punkte haben, noch einmal an. Überlegen Sie, warum Sie sich so verhalten. Steckt womöglich immer ein ähnliches Motiv dahinter?

Praxistipps

Ein wenig schüchtern zu sein ist kein Beinbruch; erstaunlich viele Menschen halten sich für schüchtern, in Deutschland immerhin 40 % der Bundesbürger.

Doch manche empfinden ihre Schüchternheit als Hemmschuh und leiden unter den Folgen: einer zunehmenden Kontaktarmut. Solange sie am Schreibtisch vor ihrem PC sitzen und ihre Arbeit erledigen, läuft alles problemlos. Sobald sie aber auf Unbekannte treffen oder sich die Aufmerksamkeit einer Gruppe auf sie richtet, schlägt die Angst zu: die Angst, etwas Dummes zu sagen oder anderweitig zu versagen. Dahinter steckt wiederum die Befürchtung, an Ansehen zu verlieren. Schließlich möchte man bei den anderen einen guten Eindruck hinterlassen. Und so vermeidet man es tunlichst, aufzufallen. Oder man weicht Situationen, bei denen Kontakt und Kommunikation mit anderen im Vordergrund stehen – wie Partys oder Besprechungen – sogar ganz aus. Doch gerade das ist der falsche Weg!

- Stellen Sie sich Situationen, in denen Sie mit anderen in Kontakt kommen, auch wenn Sie dies als unangenehm empfinden!

- Zur Not können Sie sich mit mentalem Training oder Entspannungstechniken auf kritische Momente vorbereiten (siehe Übung 1).

- Wichtig ist, dass Sie nicht zu viel von sich verlangen, sondern mit kleinen Schritten beginnen (z. B. mit der Übung 8 oder 12). Betrachten Sie vor allem kurze Begegnungen mit fremden Menschen im Alltag als „Übungsfeld". Wenn Sie hierbei erfolgreich sind, fällt es Ihnen auch in Situationen, wo es auf mehr ankommt (zum Beispiel Bewerbungsgespräch), immer leichter, souverän auf andere zuzugehen!

- Nur, wenn Sie sich erfolgreich erleben, können Sie Ihren negativen Erwartungsängste ab- und ein positives Selbstbild aufbauen.

Empfinden Sie Ihre Ängstlichkeit als Belastung? Vermeiden Sie gezielt angstbesetzte Situationen? Dann sollten Sie sich psychologischen Rat holen. Denn sonst schränken Sie sich in Ihrer Handlungsfreiheit immer mehr ein. In einer Psychotherapie lernen Sie, mit Kontaktangst bzw. sozialen Phobien (zu denen etwa auch die Rede- oder Prüfungsangst zählen) umzugehen und sie zu überwinden.

Training gegen Schüchternheit

Den Erfolg innerlich erleben

Übung 1

🕐 5 min

Sie brauchen einen ruhigen Raum und etwas zu schreiben. Sie können der Übung eine Entspannungsphase vorschalten (zum Beispiel 5 bis 10 Minuten autogenes Training).

1 Setzen oder legen Sie sich bequem hin. Schließen Sie die Augen. Achten Sie zunächst nur auf Ihren Atem, ohne ihn zu beeinflussen, bis er ruhig und tief fließt.

2 Richten Sie dann Ihre Gedanken auf eine konkrete Situation, in der Sie mit anderen Menschen eine lockere Unterhaltung führen. Malen Sie sich die Situation genau aus: Mit wem reden Sie? Über was reden Sie? Stellen Sie sich vor, dass die Unterhaltung gut läuft. Sie spüren, dass die anderen Ihnen Anerkennung entgegenbringen. Eine Ihnen wichtige Person sagt, dass sie sich sehr gefreut hat, Sie kennen gelernt zu haben. Genießen Sie diesen Moment des Erfolgs.

3 Öffnen Sie anschließend wieder Ihre Augen. Schreiben Sie auf, was Sie empfunden und wahrgenommen haben.

Lösungstipps

Malen Sie sich die Situation so konkret wie möglich aus. Denken Sie z. B. an einen ganz bestimmten Raum, in dem das Gespräch tatsächlich stattfinden könnte.

Lösung

Natürlich gibt es hier keine „Lösung" im engeren Sinn, wir möchten Ihnen aber einige Hinweise zu dieser Übung geben:

Wenn Sie sich die Situation vorstellen und dabei zunächst eine innere Unruhe verspüren, sind Sie auf dem richtigen Weg! Denn das zeigt Ihnen, dass es genau diese Situation ist, die Sie etwas aus dem Gleichgewicht bringt. Lassen Sie sich aber von Ihrer Unruhe nicht „überwältigen". Schalten Sie wieder positive Gedanken dazwischen und stellen Sie sich einfach vor, wie souverän Sie sich verhalten.

Wiederholen Sie die Übung anfangs regelmäßig. Machen Sie sie nach Bedarf vor kritischen Situationen wie Präsentationen oder wichtigen Besprechungen.

Praxistipps

- Diese Übung ist auch gut geeignet, um sich innerlich auf eine Rede, ein Vorstellungsgespräch oder eine Prüfungssituation vorzubereiten. Auch hier sollten Sie sich die Umstände der Situation ganz genau ausmalen.

- So, wie Sie der Übung eine Entspannungstechnik vorschalten, können Sie auch vor der Live-Situation eine Entspannungstechnik „im Schnelldurchgang" durchführen: Nehmen Sie sich für ein, zwei Minuten aus der Situation heraus. Konzentrieren Sie sich nur auf Ihren Atem, lassen Sie ihn fließen, bis die Luft tief und ruhig ein- und ausströmt. Sagen Sie sich dann: „Ich bin ganz gelassen und ruhig. Ich werde das hier gut meistern."

Positive Vorstellungen entwickeln

Übung 2
🕐 **5 min**

Stellen Sie sich vor, Sie sind auf einer Party, und folgende Gedanken schwirren Ihnen durch den Kopf. Ersetzen Sie die negativen Sätze durch positive Vorstellungen. Notieren Sie Ihre Sätze oder sprechen Sie sie auf Band.

Beispiel: Negativ: „X ist viel redegewandter als ich." Positiv: „Ich gehe die Dinge eben anders an als X." Oder: „Hier kocht auch jeder nur mit Wasser."

1 „Ich weiß nicht, was ich mit den anderen reden soll."

2 „Alle schauen mich an, wenn ich etwas sage."

3 „Wenn ich nicht brilliere, werde ich sicher nicht mehr eingeladen."

4 „Man wird gleich merken, dass ich von Kunst / der Oper / ... keine Ahnung habe."

5 „Niemand wird mich ansprechen."

6 „Bestimmt bleibe ich stecken, wenn ich etwas erzähle."

7 „Wenn ich etwas sage, entsteht eine peinliche Gesprächspause."

8 „Später wird mir wieder peinlich sein, was ich alles erzählt habe."

9 „Ich kann nicht mitreden, weil ich niemanden kenne, über den geredet wird."

10 „Ich werde mich blamieren."

Lösung

Es gibt zwei Verhaltensweisen, die verhindern, dass Sie in einem Gespräch locker sind: Sie gehen mit negativen Erwartungen in die Situation und Sie beobachten und zensieren sich innerlich. Doch so etwas blockiert Sie nur. Hier unsere Vorschläge, wie Sie positive Gedanken entwickeln können:

1 „Ich bin gespannt, wer da ist und welche Gespräche sich ergeben."

2 „Die Leute schauen mich an, weil sie sich für das, was ich sage, interessieren."

3 „Es wird nicht erwartet, dass ich brillant, sondern dass ich nett bin."

4 „Ich bin neugierig auf das, was andere erzählen oder zu sagen haben."

5 „Sicher gibt es Leute, die sich freuen, wenn ich sie anspreche."

6 „Es geht um Small Talk, niemand erwartet von mir einen druckreifen Vortrag."

7 „Was sollte an ein paar netten Worten peinlich sein?"

8 „Wenn ich mich wohl gefühlt und nett unterhalten habe, gibt es nichts, was ich mir vorzuwerfen hätte."

9 „Es wird sich eine Gelegenheit ergeben, das Gespräch zu Themen zu lenken, die mich interessieren."

10 „Wer freundlich und höflich ist, blamiert sich nicht."

Meine Stärken erkennen

Übung 3

🕐 **7 min**

Nehmen Sie sich ein Blatt Papier und beantworten Sie die folgenden Fragen. Listen Sie alles auf, was Ihnen einfällt!

1 Was kann ich gut?

2 Worin erhalte ich Bestätigung durch andere?

3 Welche Eigenschaften schätzen andere an mir?

4 Was habe ich in den letzten Jahren/ in meinem jetzigen Job Neues dazugelernt?

5 Was gefällt mir an mir selbst?

Mehrere Antworten sind erwünscht! Denken Sie an Ihre Stärken im Privat- und im Berufsleben.

Lösungstipps

Bei dieser Übung geht es nicht darum, darüber zu grübeln, was Sie so außergewöhnlich macht. Überlegen Sie: Wo schaffen Sie ganz alltägliche Aufgaben gut? Worin haben Sie viel Erfahrung? Was macht Ihnen Spaß, weil Sie es immer wieder erfolgreich tun? Wofür werden Sie gelobt? Warum ist dieses Lob berechtigt?

Lösung

Hier gibt es nur individuelle Lösungen, denn allein Sie wissen, was Sie gut können. Vielleicht sehen Sie sich überwiegend als „versierte Produktmanagerin", als „guten Vater", vielleicht schätzen Sie sich als „zuverlässig" oder „kollegial" ein, vielleicht sind Sie stolz auf Ihre Doktorarbeit, Ihr soziales Engagement oder auf ein Produkt, das Sie mitentwickelt haben – alles zählt! Und: Worin Sie sich engagieren, darüber können Sie auch gut sprechen.

- Wenn Sie nur wenig auf Ihrem Blatt stehen haben, gehen Sie noch einmal in sich: Fällt Ihnen wirklich nicht mehr ein?

- Glauben Sie, Sie hätten übertrieben? Keine Sorge: Je mehr Sie gefunden haben, umso besser. Wenn Sie jetzt noch neue Ideen haben, schreiben Sie sie dazu!

Praxistipps

- Hemmungen und Schüchternheit resultieren oft aus einem angekratzten Selbstvertrauen. Damit Sie nicht „vergessen", was Sie gut können und was Sie „wert sind", sollten Sie diese Übung immer wieder einmal machen.

- Verinnerlichen Sie das Ergebnis: Vertrauen Sie auf die Stärken Ihrer Persönlichkeit!

- Andere sehen Sie womöglich positiver, aber auch realistischer als Sie sich selbst sehen; nehmen Sie daher Lob von Ihrem Chef, von Freunden und Kollegen ruhig an – ohne Ihre Leistungen klein zu reden oder zu relativieren.

Den Anfang machen

Sich einfach vorstellen

Übung 4

 **5 min**

Wir kommen nun zur Begrüßung – dem ersten wichtigen Schritt, wenn Sie sich in Gesellschaft befinden und einen Small Talk aktiv beginnen möchten. Wie würden Sie eine Begrüßung gestalten und sich selber vorstellen? Überlegen Sie sich Äußerungen, die Sie zunächst schriftlich festhalten.

Ihre Standardbegrüßung und Vorstellung

1 für jede Situation: ...

2 für berufliche Anlässe: ...

3 bei einer privaten Einladung: ...

Stellen Sie sich dann vor einen Spiegel oder üben Sie die verschiedenen Begrüßungen mit einem Partner. Probieren Sie das Gleiche dann bald im Alltag aus. Verbessern Sie Ihre Lösungen, wenn sie Ihnen noch nicht ganz gefallen.

Lösungstipps

- Nennen Sie nach der Begrüßung Ihren Namen, Ihre berufliche Funktion und die Verbindung zum Gastgeber/Anlass.
- Achten Sie darauf, dass Sie bei der mündlichen Übung deutlich und nicht zu schnell sprechen. Nehmen Sie außerdem Blickkontakt zu Ihrem Gegenüber auf.

Lösung

Hier Beispiele für eine einfache Begrüßung:

- Guten Tag, Wondratschek mein Name.

- Grüß Gott, mein Name ist Martin Kemper; ich bin Produktverantwortlicher der Serie „Young Design".

- Guten Abend, ich bin die Maria Kleeberg und eine alte Schulfreundin von Paul. (Gastgeber)

Praxistipps

- Soll man sich bei privaten Einladungen mit dem Vornamen oder dem Nachnamen vorstellen? Stellt man sich mit Nachnamen vor, könnte das zu förmlich wirken. Nennen Sie daher am besten Vor- und Nachnamen.

- Merken Sie im Lauf der Zeit, dass Sie sich zu förmlich vorgestellt haben, können Sie in einzelnen Gesprächen die Vorstellung Ihres Vornamens nachholen und zum Beispiel sagen: „Ach, alle duzen sich hier, dann machen wir das doch auch so, einverstanden? Ich bin der Bernd."

- Ansonsten können Sie auch einfach eine Weile beobachten, ob sich die Anwesenden gegenseitig generell siezen oder duzen, und es dann genauso machen. Achten Sie darauf, wie sich Personen begrüßen, die sich noch nicht kennen.

> Bei der Begrüßung von mehreren Personen sollten Sie die Hierarchien beachten: Begrüßen Sie mit dieser Priorität 1. Alt vor Jung, 2. Damen vor Herren, 3. den Chef vor den Mitarbeitern.

Die vierteilige Begrüßung

Übung 5

🕐 **7 min**

Wenn Sie jemanden in ein Gespräch verwickeln wollen, sollte Ihre Begrüßung etwas ausführlicher ausfallen. Wie würden Sie dies in folgenden Situationen gestalten?

1 Ein neuer Mitarbeiter wird im Büro herumgeführt.

2 Sie sind als Pate/Patin auf einer Taufe eingeladen und sehen Ihr Patenkind in den Armen einer Unbekannten.

3 Sie sollen einem Praktikanten erklären, was in Ihrer Abteilung gemacht wird.

4 Überlegen Sie, ob Sie demnächst mit einer fremden Person in Kontakt kommen (beruflich oder privat). Haben Sie zum Beispiel einen Termin mit einem neuen Lieferanten oder Kunden? Wie könnte Ihre Begrüßung lauten? Simulieren Sie verschiedene Situationen und üben Sie, wenn Sie möchten, zu zweit.

Lösungstipps

Bauen Sie folgende Elemente in Ihre Begrüßung ein:

- Gruß („Hallo", „Guten Tag" etc.)

- Höflichkeitsfloskel (z. B.: „Ich glaube, wir kennen uns noch nicht", „Schön, dass wir uns kennen lernen.")

- Nennung des Namens und Angaben zu Ihrer Person (z. B. Beruf, Stellung im Unternehmen, Abteilung)

- Bezugnahme zum Anlass (die sog. „Situationsbrücke"): „Ich bin hier, um ..."/ „Ich bin eine Freundin von ..."

Lösung

1 Ein neuer Mitarbeiter aus der Produktion wird herumgeführt. Herr Künzel aus der Werbeabteilung: „Guten Tag, Herr Müller. Mein Name ist Uwe Künzel, ich arbeite hier in der Werbung. Wir entwerfen Werbemittel wie diese Produktkataloge und Flyer hier."

2 „Hallo! Da ist ja unser kleiner Täufling. Ich bin übrigens Peter Matts, der Taufpate. Sind Sie verwandt mit unserem Kleinen hier?"

3 Eine Abteilungsleiterin begrüßt den Praktikanten: „Schön dass Sie da sind, Herr Abel. Mein Name ist Frentzel und ich werde Ihnen in den nächsten zwei Stunden etwas über unsere Arbeit erzählen. Aber darf ich Ihnen erst einmal etwas zu Trinken anbieten? (...) Sie studieren Kommunikationswissenschaften, habe ich gehört ...".

Praxistipps

Standardsätze, die Sie vorher einüben, geben Ihnen Sicherheit. Doch nicht immer können Sie das Eingeübte auch so anbringen, wie Sie es geplant hatten – und die Situationsbrücke ergibt sich ohnehin erst spontan. Bleiben Sie also flexibel. Sie müssen weder alle Bestandteile der vierteiligen Begrüßung hintereinander herunterrattern, noch sich an einzelne Formulierungen klammern. Merken Sie sich vor allem das inhaltliche Schema: begrüßen, eine höfliche Formulierung verwenden, Ihren Namen und Ihre Funktion nennen, die Situationsbrücke bauen. Das Ganze kann natürlich auch innerhalb mehrerer Wortwechsel stattfinden.

Situationsbrücken bauen Übung 6

🕐 **10 min**

Die „Situationsbrücke" haben Sie schon in der vorigen Übung kennen gelernt. Sie hat verschiedene Funktionen: Ihr Gesprächspartner kann Sie leichter einordnen, wobei die Situationsbrücke wie ein „Anker" wirkt. Und Sie können über eine Situationsbrücke auch versuchen, ganz generell ein Gespräch zu beginnen. Darum soll es in dieser Übung gehen. Sie brauchen dazu einen Partner – und etwas Phantasie!

Überlegen Sie sich gemeinsam eine Situation, in der sich zwei fremde Menschen begegnen. Zum Beispiel: „Zugabteil – gegenüber sitzt eine Frau, die eine Zeitschrift vor sich liegen hat." Oder: „Mallorca, erstes Frühstück im Hotel. Am Nebentisch eine lebhafte deutsche Familie." Dann spielen Sie diese Situation gemeinsam durch. Sie haben die Aufgabe, ein Gespräch zu beginnen, indem Sie eine Situationsbrücke bauen. Ihr Partner übernimmt die andere Rolle. Wechseln Sie anschließend die Rollen.

Lösungstipps

- Thematisieren Sie etwas, was Sie und Ihr Gegenüber in dieser Situation verbindet. Zum Beispiel im Zug die Zeitschrift: „Ach, die ‚Gehirn und Geist' lese ich auch hin und wieder. Eine interessante Zeitschrift, finde ich."

- Eine zweite Möglichkeit, um ein Gespräch zwischen Fremden zu eröffnen, sind Fragen. Versuchen Sie, eine Situationsbrücke in eine Frage zu „verpacken".

Lösung

Hier zwei Musterbeispiele, wie Ihr Dialog mit Situationsbrücke aussehen könnte. Wie Sie das Gespräch gestalten, hängt natürlich ganz von Ihnen und Ihrem Partner ab. Lassen Sie Ihre Phantasie spielen!

Mallorca, erstes Frühstück im Hotel:

„Guten Morgen, darf ich mich vorstellen, Hans Pfleger." – „Hallo, ich bin Paul Schrath". – „Wissen Sie vielleicht, ob man auch die Getränke am Büffet bekommt, ich bin nämlich das erste Mal hier ..." (Situationsbrücke)

Oder: „Guten Morgen. Wissen Sie vielleicht, ob man die Getränke am Büffet bekommt?" (Situationsbrücke) – „Ja, die können Sie sich da vorne holen." – „Danke. Das Wetter ist ja fantastisch (Situationsbrücke). Sind Sie schon länger hier?" – „Ja, seit einer Woche. Und Sie sind gerade angekommen?" – „Ja, gestern Abend. Übrigens, ich heiße Hans Pfleger." – „Angenehm, Christian Schrath. Das hier ist meine Frau Maria und das sind Paul und Lena ..."

Praxistipps

Wenn Sie jemanden kennen lernen wollen, sollten Sie darauf achten, höflich und freundlich aufzutreten. Denn bekanntermaßen prägt sich der erste Eindruck besonders stark ein. Zeigen Sie Ihrem Gesprächspartner, dass Sie sich für ihn interessieren. Wenden Sie ihm Ihren Oberkörper leicht zu und nehmen Sie Blickkontakt auf. Mit einem Lächeln sorgen Sie gleich zu Beginn für eine nette Gesprächsatmosphäre.

Aufhänger und Eisbrecher nutzen

Gesprächsaufhänger für jeden Anlass

Übung 7

🕐 **5 min**

Ob bei einer Party, Schulung oder sonstigen Veranstaltung – wie beginnt man einen Small Talk mit Unbekannten? Ähnlich wie die Situationsbrücke funktioniert der Aufhänger. Man knüpft an etwas an, das offensichtlich ist oder sich aus der Situation ergibt. Überlegen Sie sich für die folgenden Situationen ein bis zwei Äußerungen, mit denen Sie jede der anwesenden Personen kennen lernen könnten.

1 Eine Wohnungseinweihung bei Bekannten.

2 Ein offizieller Empfang einer Lieferantenfirma mit Buffet.

3 Eine berufliche Veranstaltung mit längerer Rednerliste.

4 Ein Event bei einem Kunden mit phantasievollem Programm.

5 Eine Computerschulung außerhalb Ihrer Firma.

Lösungstipps

- Auch Fragen sind geeignet.

- Denken Sie an die typischen „Konstanten" solcher Veranstaltungen: Gastgeber/Veranstalter, Essen, Trinken, Ablauf, Teilnehmer(kreis) und Ziele der Veranstaltung.

- Äußern Sie sich zu einem Bedürfnis oder Interesse, das jeden der Anwesenden betrifft oder berührt.

Lösung

1 Private Einladung: „Woher kennen Sie ... (den Gastgeber/Veranstalter)?"

2 Essen und Trinken bieten viele Möglichkeiten zum Small Talk, zum Beispiel: „Auch auf dem Weg zum Buffet?" Oder: „Wissen Sie, wo ich ein Bier bekommen kann?"

3 Veranstaltung mit Reden: „Kennen Sie den Ablauf?" – „Wissen Sie, wer als nächstes sprechen wird?"

4 Event: „Da haben sich unsere Gastgeber ja wirklich ein phantasievolles Programm überlegt." Oder: „Kennen Sie diese Musikband?"

5 Schulung: „Haben Sie eine Ahnung, wie lange das heute dauern wird?" bzw. „Ist das Ihre erste Excel-Schulung?"

Praxistipps

- Wenn Ihnen gar nichts einfällt, können Sie es auch mit einem Universalaufhänger probieren, der eigentlich keiner ist: Sie tun so, als ob Sie die Person, die Sie kennen lernen möchten, schon einmal gesehen haben. Fragen Sie: „Kennen wir uns nicht vom letzten Fest?" oder: „Haben wir uns nicht auf der Buchmesse getroffen?" oder: „Kann es sein, dass ich Sie schon einmal bei ... gesehen habe?"

- Nehmen Sie sich zur Übung vor, bei Veranstaltungen mindestens einen unbekannten Menschen anzusprechen und sich mit ihm zu unterhalten. Sie müssen natürlich mit niemandem länger reden, der Ihnen nicht sympathisch ist.

Gesprächsstart mit Icebreaker-Floskeln

Übung 8
 **5 min**

Als Starter benutzen routinierte Smalltalker häufig „Icebreaker-Floskeln": einfache Äußerungen von so allgemeinem Charakter, dass man sich über den Inhalt nicht auseinanderzusetzen braucht. Thematisiert wird etwas Offensichtliches. Überlegen Sie sich eine oder mehrere solcher Bemerkungen, die Sie in folgenden Situationen fallen lassen könnten.

1 Im Supermarkt, eine lange Schlange vor der Kasse.

2 Ein Kongress. Neben Sie setzt sich ein junger Mann.

3 Opernpause, alles drängt sich vor die Erfrischungsbar.

4 Im Zugabteil; Sie haben einen Mitreisenden mit dem gleichen Ziel wie Sie.

5 Eine Marketingveranstaltung Ihrer Firma in einem Hotel. Sie sind zu früh da und warten im Gang vor dem noch geschlossenen Raum. Ein Unbekannter naht.

Lösungstipps

Es bieten sich häufig Bemerkungen zum Wetter, zur Räumlichkeit oder den besonderen Umständen der Situation an.

Besonders in Gruppen müssen Sie niemanden direkt ansprechen. Sie werfen einfach eine Bemerkung in die Runde, die quasi „in der Luft liegt" oder von der Sie annehmen, dass sie auf Zustimmung trifft. Entscheidend ist außerdem: Die Äußerung kann für sich stehen bleiben, ein anderer kann den Gedanken aber auch aufgreifen und weiterspinnen.

Lösung

1 Supermarkt: „Die Schlange ist heute aber besonders lang."

2 Kongress: „Der Saal ist schon fast voll ... kein Wunder, der Kongress soll dieses Jahr ja besonders stark besucht sein."

3 Opernpause: „Jetzt haben wohl alle Durst – und das schon nach dem ersten Akt ..." Oder: „Jetzt tut eine kleine Erfrischung richtig gut."

4 Im Zug sitzen alle im selben Boot, daher sind Verspätungen z. B. ein idealer Gesprächseinstieg: „Jetzt sind wir zwanzig Minuten später aus Stuttgart losgefahren. Ich bin gespannt, ob wir das bis Köln wieder aufholen."

5 Hotel: „Ich glaube, wir sind etwas zu früh dran ..."

Praxistipps

- Mit Icebreaker-Floskeln können Sie schnell Kontakt zu einer anderen Person herstellen, ohne sie jedoch zu einem Gespräch zu nötigen. Das Gespräch kann jederzeit abgebrochen werden, sich aber auch fortsetzen oder vertiefen.

- Besonders in Gruppen bietet sich ein Kommentar an, der niemanden direkt anspricht. Irgendjemand wird darauf einsteigen – wenn nicht, haben Sie keinen Gesichtsverlust zu befürchten.

- Wenn Sie mehr riskieren wollen, gehen Sie über die Konstatierung des Offensichtlichen hinaus und bringen eine persönliche Bewertung ein wie unter 3.

Sich gekonnt in Gruppen einklinken

Vorstellung in der Gruppe   Übung 9
🕐 **3 min**

Sie stoßen zu einer Runde, in der man sich gerade unterhält, in der Sie aber niemand kennen. Überlegen Sie, welche der folgenden Vorgehensweisen zu vermeiden sind, und bringen Sie die übrigen Schritte in eine sinnvolle Reihenfolge.

	Sie nennen Ihren Namen.
	Sie sagen, was Sie hier machen.
	Sie fragen andere nach ihrem Namen.
	Sie erzählen, was Sie gestern Abend gemacht haben.
	Sie hören zu.
	Sie sprechen jemanden an, der gerade nicht spricht.
	Sie versuchen Blickkontakt zu anderen aufzunehmen.
	Sie erkämpfen sich räumlich Platz.
	In einer Gesprächspause, vor der ein Thema erkennbar abgehandelt wurde, ergreifen Sie das Wort.
	Sie begrüßen die anderen.
	Sie benutzen eine höfliche Floskel wie: „Störe ich?"
	Sie tragen etwas zum Thema bei, wenn es sich ergibt.

Lösung

1	Sie hören zu.
2	Sie versuchen Blickkontakt zu anderen aufzunehmen.
3	Sie tragen etwas zum Thema bei, wenn es sich ergibt.
4	In einer Gesprächspause, vor der ein Thema abgehandelt wurde, ergreifen Sie das Wort und dann ...
5	... begrüßen Sie die anderen als erstes.
6	Sie benutzen eine höfliche Floskel wie: „Störe ich?"
7	Sie nennen Ihren Namen.
8	Sie sagen, was Sie hier machen.
9	Sie fragen andere nach ihrem Namen.

Praxistipps

Wenn Sie sich zu einer Gruppe gesellen, nutzen Sie räumliche Lücken und halten Sie einen Abstand von mindestens einer Armlänge zum Nachbarn ein. Bringt eine Gruppe von Personen durch ihre Körpersprache zum Ausdruck, dass sie ungestört bleiben möchte, gesellen Sie sich nicht dazu. Geben Sie den anderen Gelegenheit, Sie kennen zu lernen, ohne dass Sie sich selbst sofort in den Mittelpunkt rücken. Jemanden anzusprechen, der nur zuhört, ist dann unhöflich, wenn ein Dritter noch spricht und sich die Aufmerksamkeit entsprechend stark auf diese Person richtet.

In einer Gruppe andocken

Übung 10

⏱ **5 min**

Welche Bemerkungen könnten Sie in folgenden Situationen fallen lassen, um in einer Runde anzudocken? Überlegen Sie sich verschiedene Strategien.

1 Kantine. Sie stehen mit anderen an. Die heute angebotene Spinatlasagne ist neu im Programm.

2 Ein öffentlicher Vortrag, der Redner wiederholt seine Thesen etwas zu oft. Ihre Nachbarn langweilen sich offensichtlich.

3 Pause im Meeting. Sie stehen in einer Runde von Kollegen aus einer anderen Abteilung. Deren Praktikant hat gerade angeboten, Kaffee mitzubringen, und zieht los, um ihn zu holen.

Lösungstipps

▪ Sehen Sie sich noch einmal Übung 8 zu den Icebreaker-Floskeln an. Mit einer allgemeinen Bemerkung, die auf allgemeine Zustimmung treffen dürfte, werden Sie kaum anecken.

▪ Um andere zwingender ins Gespräch zu ziehen, stellen Sie am besten Fragen (s. Kap. „Mit Fragen weiterkommen", ab Seite 187). Oder Sie hängen an einen Icebreaker eine Nachziehfrage an, z. B. „... nicht wahr?" / „... finden Sie nicht?"

▪ Mehr Aufmerksamkeit erringen Sie mit einer witzigen Bemerkung, die zur Situation passt. Doch Vorsicht: Sie sollten niemanden verletzen und sich nicht produzieren.

Lösung

Hier verschiedene Vorschläge für die drei Situationen:

1 Kantine. Sie thematisieren das neue Angebot: „Die lassen sich immer wieder was Neues einfallen." – „Oh, Spinatlasagne, gab's die schon mal?" – Eine ironische Bemerkung: „Haben wir einen neuen Koch, dass wir in der Genuss dieser Abwechslung kommen?" – Wenn es lockerer zugeht: „Spinatlasagne – wer macht den Testesser?"

2 Öffentlicher Vortrag: „Tja, der geübteste Redner ist das leider nicht." – Eine ironische Kritik: „Nun redet er schon 20 Minuten. Das macht Mut, dass es bald vorbei ist." – Stärker: „Dass er die Folien falsch rum auflegt, ist zwar amüsant, macht den Vortrag aber auch nicht besser."

3 Pause im Meeting: „Das ist aber ein aufmerksamer Praktikant." – Scherzhaft: „Ach, das ist ja ein netter Kollege. Können Sie uns den mal ausleihen?" – „Das macht er hoffentlich freiwillig oder haben Sie ihn dazu erzogen?"

Praxistipps

Was Sie sagen, hängt stark davon ab, wie Sie in der Gruppe integriert sind. Je weniger Sie die Anwesenden kennen, umso allgemeiner sollte Ihre Bemerkung ausfallen. Einen Scherz können Sie machen, wenn Sie wissen, die anderen goutieren ihn auch. Mit einer Meinungsäußerung können Sie leicht daneben liegen. Solange Sie die Reaktion der anderen nicht einschätzen können, sollten Sie also abwägen, wie weit Sie sich aus dem Fenster lehnen können.

Andere leichter kennen lernen

Begrüßungssituationen trainieren

Übung 11
🕐 **9 min**

Abschließend sollen Sie anwenden, was Sie bisher gelernt haben. In fünf Situationen des Kennenlernens, die Sie mit einem Partner durchspielen. Tauschen Sie die Rollen, verändern Sie die Situationen oder denken Sie sich neue aus. Versuchen Sie dann, in vergleichbaren Situationen auf ähnliche Weise mit Menschen in Kontakt zu kommen.

Situation 1: In der Oper/im Konzert/im Theater, 10 Minuten vor Beginn. Ein junger Mann ohne Begleitung setzt sich neben Sie.

Situation 2: Die Besprechung beginnt in zwei Minuten. Neben Sie setzt sich ein unbekannter Herr, wohl von der eingeladenen Firma, und kramt seine Unterlagen hervor.

Situation 3: Betriebsfeier. Sie kommen etwas später und es ist nur noch ein Platz frei. Am Tisch sitzen zwei junge Frauen, die Sie nicht kennen – vielleicht aus der Buchhaltung? Vor ihnen stehen bereits Getränke, bald wird das Buffet eröffnet.

Lösungstipps

Fragen sind der Königsweg, um ein (kurzes) Gespräch zu beginnen. Setzen Sie Icebreaker und Aufhänger ein. Haben Sie dazu zu wenig Anhaltspunkte, überlegen Sie sich zusammen mit Ihrem Partner ein paar Situationsmerkmale.

Lösung

Weil Dialoge spontan entstehen und sich die Reaktionen des Gesprächspartners nie vollständig einschätzen lässt, gibt es auch bei dieser Übung wieder keine „richtige" oder „falsche" Lösung". Wir möchten Ihnen an dieser Stelle ein paar Stichworte und Hinweise geben, wie Sie einsteigen und ein kurzes Gespräch am Laufen halten könnten.

Situation 1: Oper/im Konzert/ Theater: Einfache Einstiegsversuche: „Ah, wir haben noch 10 Minuten bis zum Beginn." „Geht es hier immer pünktlich los?" Oder Sie fragen Sie Ihren Nachbarn, ob er öfter hier ist. Hält Ihr Nachbar ein Programm in der Hand, könnten Sie ihn auch nach den mitwirkenden Sängern/Schauspielern fragen.

Situation 2: Hier bietet sich an, einen Bezug zum Anlass herzustellen. „Sind Sie von der XY-Firma? Mein Name ist ..." „Sind Sie neu in dem Projekt?" oder Ähnliches.

Situation 3: Stellen Sie sich vor (Name, Abteilung, was Sie machen). Fragen Sie dann die beiden, was sie machen. Gibt es vielleicht Berührungspunkte? Nutzen Sie Essen/Trinken als Aufhänger: „Haben Sie schon das Buffet begutachtet?" „Wissen Sie, wer das Essen geliefert hat?" „Können Sie den Wein empfehlen?"

Small Talk im privaten Alltag

Übung 12
🕐 **10 min**

Mit der folgenden Übung bereiten Sie sich auf einen realen Small Talk vor – in ganz alltäglichen Situationen. Ergreifen Sie die Initiative!

1   Überlegen Sie, wann sich demnächst eine Situation ergibt, in der Sie ein Gespräch führen müssen. Einzige Voraussetzung: Sie kennen den Gesprächspartner nicht oder höchstens vom Sehen. Gut geeignet sind etwa Situationen wie ein Beratungsgespräch im Einzelhandelsgeschäft, z. B. beim Schuhkauf, oder eine Begegnung mit dem Postboten auf dem Hausflur. Auch eine Taxifahrt ist gut geeignet. Oder Orte, wo Sie mit anderen zusammen warten müssen, z. B. beim Arzt oder auf einem Amt.

2   Überlegen Sie noch zu Hause und halten Sie eventuell schriftlich fest, welche Einstiegsfrage(n) oder Aussage(n) jeweils sinnvoll sein könnte(n). Nehmen Sie als Aufhänger z. B. das Wetter (etwa beim Small Talk mit dem Postboten); im Einzelhandel die aktuelle Mode und was Ihnen daran gefällt; im Taxi den Verkehr, die Auftragslage oder Herkunft des Fahrers. Generell geeignet sind auch kleine Komplimente – was fällt Ihnen positiv an Ihrem Gegenüber auf?

3   Nun geht's ans Ausprobieren. Damit es auch klappt, sollten Sie auf Folgendes achten:

   – Erscheint Ihnen die in Frage kommende Person grundsätzlich sympathisch?

- Hat sie etwas Zeit?
- Wirkt sie so offen und freundlich, dass Sie keine Abfuhr befürchten müssen? Eine Verkäuferin etwa, die gerade sehr im Stress ist, ist für diese Übung vielleicht nur bedingt geeignet.
- Schließlich sollten Sie selbst in der richtigen Laune sein, ein paar Worte zu wechseln. Fällt es Ihnen nämlich schon schwer, den Verkäufer an der Käsetheke anzulächeln, vergessen Sie die Sache für dieses Mal besser.

Die Übung können Sie erweitern, indem Sie anschließend aufschreiben, was gut und was schlecht gelaufen ist. Sie können sich dazu ein kleines Small-Talk-Tagebuch anlegen. So merken Sie sich besser, was Erfolg hatte und was nicht.

Lösungstipps

- Wenn Sie bis zum eigentlichen Gespräch etwas Vorlauf haben (z. B. sich die Auslage im Schuhgeschäft ansehen), können Sie Ihren Small Talk – falls nötig – auch in der Situation noch planen. Überlegen Sie aber nicht zu lange, was Sie sagen wollen. Warten Sie besser gelassen auf den Zeitpunkt, wo sich ein Gespräch wie von selbst ergibt.

- Führen Sie das Gespräch ohne Druck. Achten Sie auf Ihr Gefühl nach dem Small Talk: Er sollte Ihre Laune heben und Sie nicht deprimieren. Falls Sie unzufrieden sind, überlegen Sie, woran es wohl liegen könnte.

Lösung

Auch bei dieser Übung gibt es natürlich keine Standardlösungen. Hier einige Vorschläge für Einstiegssätze:

- Postbote/Wetter: „Bei diesem schönen Wetter fällt das Arbeiten leicht, oder?" / „Na, haben Sie es bald geschafft für heute? Bei dem Regen macht es ja wenig Spaß."

- Verkäuferin/Schuhkauf: „Von der Mode habe ich dieses Jahr noch gar nicht so viel mitbekommen. Welche Trends gibt es denn momentan?" / „Was trägt man denn für Farben dieses Jahr? Ich muss mir nämlich auch noch einen Anzug kaufen."

- Wartende in der Schlange, zum Beispiel am Bahnhof: „Ist um diese Zeit immer so viel los?" / „Heute dauert es ja ganz schön lang. Ob das wohl an dem neuem Preissystem liegt?"

- Beim Arzt im Wartezimmer: „Wissen Sie, ob man hier lange warten muss?" / „Wissen Sie, ob es in dieser Praxis normal ist, dass man vier Wochen auf einen Termin warten muss?"

- Taxifahrer: „Na, haben Sie bald Feierabend oder hat die Schicht erst begonnen?" / „Jetzt zur Messezeit ist sicher viel los bei Ihnen."

Vielleicht ist Ihnen diese Übung jetzt ganz leicht gefallen, und Sie sind sogar ein bisschen stolz auf sich. Das dürfen Sie auch, denn Sie haben damit die ersten Schritte zum Small-Talk-Profi schon gemacht!

Praxistipps

- Probieren Sie solche kleinen Gespräche nun so oft wie möglich aus, vor allem auch in Ihrem beruflichen Umfeld: in der Kantine, vor Besprechungen, bei Telefonaten. Je mehr Sie „üben", umso einfacher wird es Ihnen vorkommen, Kontakt aufzunehmen und ein paar Worte auszutauschen. Das ist auch wichtig im Geschäftsleben, bevor es zum „Eigentlichen" geht. Und: Dann wird es auch irgendwann selbstverständlich, in Situationen mit offiziellem Charakter Personen, vor denen Sie etwas mehr „Ehrfurcht" haben, anzusprechen.

- Wenn ein Small Talk einmal schief gegangen ist, ist es keine Katastrophe. Sicher können Sie dies bei einer anderen Gelegenheit wieder ausbügeln. Und überhaupt: Wer sagt denn, ob das, was Sie als schief gelaufen bewerten, auch in den Augen Ihres Gesprächspartners schief gelaufen ist?

- Ein lockerer Small Talk wird Ihnen kaum gelingen, wenn Sie zu hohe Erwartungen haben. Wer von sich eine Glanzleistung erwartet oder eine unerreichbare Idealvorstellung von einer Unterhaltung hat, in der ein Highlight dem anderen folgt, wird an der Umsetzung scheitern. Hängen Sie also die Sache nicht zu hoch – und bleiben Sie gelassen!

Auf der Suche nach einem Thema

Nach den folgenden Übungen werden Sie

- abwechslungsreicher über Gott und die Welt plaudern (S. 163),
- leichter etwas über andere erfahren (S. 170),
- Tabuthemen schnell erkennen und – nicht nur im Notfall – das Thema elegant wechseln (S. 183).

Darum geht es in der Praxis

Kennen Sie das? Sie haben jemanden begrüßt und sich vorgestellt, und dann fällt Ihnen nichts mehr ein. Wenn Sie Glück haben, macht der andere den Anfang und bringt das Gespräch in Gang, ansonsten müssen Sie selbst ein Thema aufbringen. Doch worüber reden?

Das richtige Thema im richtigen Moment aufzugreifen, üben wir in diesem zweiten Trainingsabschnitt. Drei Kriterien eines guten Small-Talk-Themas können Sie sich gleich merken: Es sollte alle interessieren, es sollte so beschaffen sein, dass jeder mitreden kann, und möglichst positiv besetzt sein. Mit Standardthemen sind Sie auf der sicheren Seite – sogar übers Wetter lässt sich höchst abwechslungsreich plaudern. Natürlich gibt es im Small Talk auch Tabuthemen – und die müssen Sie erkennen und sicher umschiffen. Ansonsten heißt es: Kreativ und assoziativ denken – dann fällt Ihnen sicher zu den meisten Themen auch etwas ein.

Entscheidend ist schließlich auch, **wie** Sie über ein Thema sprechen. Die meisten Zuhörer wollen gut unterhalten werden. Lassen Sie Ihr Thema also nicht zu trocken daherkommen. Reden Sie die Dinge niemals mies, jammern Sie nicht. Überlegen Sie, was immer gut ankommt, dann sind Sie auf dem richtigen Weg: zum Beispiel nützliche Ratschläge, kleine Pannen, die das Menschliche betonen, Geheimtipps, Klatsch (in Maßen) und witzige Geschichten. Präsentieren Sie die überraschenden Momente des Lebens – dann werden andere sich umso lieber an Sie erinnern.

Die Standardthemen beherrschen

Ein geeignetes Thema finden

Übung 13

🕐 **5 min**

Überlegen Sie sich, wie ein gutes Small-Talk-Thema wohl (eher) beschaffen sein muss. Kreuzen Sie an. Schreiben Sie dann mindestens fünf geeignete Themen auf.

Das Thema ...	Ja	Nein
1 spricht möglichst viele der Anwesenden an.		
2 ist Ihr Lieblingsthema.		
3 geht in die Tiefe.		
4 setzt hohe Bildung/Spezialwissen voraus.		
5 entstammt dem Alltagsleben.		
6 ist positiv besetzt.		
7 diskriminiert keinen der Anwesenden.		
8 lädt zur regen Diskussion ein.		

Lösungstipps

Small Talk machen Sie meist mit Menschen, über die Sie wenig wissen. Sie kennen ihren Hintergrund und ihre Interessen nicht – was bedeutet das für die Themenwahl?

Lösung

1: ja, 2: (bedingt) nein, 3: nein, 4: nein, 5: ja, 6: ja, 7: ja, 8: nein. (Vorschläge zur 2. Frage siehe unten)

Geeignet erscheinen demnach Themen aus den Bereichen

- Beruf, Ausbildung und natürlich Freizeitaktivitäten,
- Partnerschaft und Familie,
- Orte, Urlaub und Reisen, Natur, Tiere, Wetter,
- Lifestyle (besonders Wohnen), Einkaufen und Preise,
- Gesundheit und Wellness,
- Sehnsüchte und Träume,
- bekannte Künstler und Prominente,

Praxistipps

Was Sie sagen, sollte die Anwesenden interessieren und nicht nur Sie. Monologisieren Sie also nicht über Ihr Lieblingsthema, wenn niemand sonst eine Affinität dazu hat. Dass Sie beim Small Talk in die Tiefe gehen, ist nicht nötig und häufig auch gar nicht erwünscht. Auch sollten Sie nicht riskieren, andere mit Ihrem Bildungswissen zu verschrecken. Vermeiden Sie, über Ihr Gebiet zu fachsimpeln. Mit einem positiven Thema aus dem Alltagsleben liegen Sie hingegen fast immer richtig. Eine rege Diskussion ist kein Small Talk mehr – kontroverse Themen sollten Sie also meiden.

Suchen Sie im Small Talk das Verbindende! (S. Übung 20)

Über das Wetter sprechen

Übung 14

🕐 **5 min**

Über das Wetter können Sie immer reden. Damit das Ganze nicht langweilig wird, überlegen Sie sich ein paar nicht zu alltägliche Bemerkungen zur Wetterlage.

1 Tagelang hat die Sonne geschienen, aber am Nachmittag des Gartenfests gibt es ein kräftiges Gewitter. Als Sie etwas später kommen, lugt die Sonne schon wieder hervor. Was sagen Sie zu Ihrem Gastgeber?

2 Ein verregneter Frühling. Sie wollen eine/n Kollegen/in aufmuntern, der/die unter dem Dauerregen zu leiden scheint.

3 Der Frost ist zurückgekehrt, aber die Eisheiligen sind noch weit entfernt. Sie fahren mit einem Kollegen Aufzug und kommentieren das Wetter (in entsprechender Kürze).

4 Heute ist Siebenschläfer. Spielen Sie Wetterbericht. z. B. bei einer Kollegin/dem Nachbarn etc.

Lösungstipps

- Wenn Sie die Bedeutung von Siebenschläfer nicht kennen, recherchieren Sie in einem Konversationslexikon oder im Internet danach.

- Beim „Wetter-Talk" können Sie die so genannten Bauernregeln anbringen, die Sie auch scherzhaft abwandeln können – oder Sie erfinden sogar eigene.

Lösung

1 „Wie schön, jetzt kann das Fest ja losgehen. Haben Sie einen guten Draht zu Petrus?"

2 „Geben Sie die Hoffnung nicht auf. Wie heißt die alte Bauernregel: ‚Ein nasser April verspricht der Früchte viel.' Irgendwann muss es daher auch wieder schön werden."

3 „Petrus will uns wohl abhärten. Na, hoffentlich sind mit dieser Kälte die Eisheiligen schon vorweggenommen."

4 „Vergessen Sie die Wetterberichte: ‚Ab Mittwoch wieder leichte Erwärmung und am Wochenende trocken und warm ...' – von wegen! Es wird von heute an exakt noch sieben Wochen regnen. Oder glauben Sie nicht an die alte Siebenschläfer-Regel?"

Praxistipps

Vielleicht interessiert manche auch eine Erklärung: Wenn es an Siebenschläfer, dem 27. Juni, regnet, soll es angeblich die nächsten sieben Wochen regnen. Die Bauernregel leitet sich von einer Legende ab, nach der sieben Brüder während der Christenverfolgung 200 Jahre in einer Höhle eingemauert schliefen, bis sie befreit wurden und ihren Glauben bekennen konnten.

> Warum ist das Wetter so ein beliebtes Small-Talk-Thema? Ganz einfach: Es entstammt dem Alltagsleben und berührt auch viele andere Themen von allgemeinem Interesse: zum Beispiel Verkehr, Urlaub, Freizeitgestaltung, Natur etc. Daher gilt: Jeder kann beim Wetter mitreden.

Plaudern über den Wohnort · Übung 15
🕐 30 min

Ihr Wohnort bietet eine Reihe von Gesprächsthemen, ob Sie nun mit anderen Ortsansässigen, Auswärtigen oder Gästen aus dem Ausland sprechen.

Nehmen Sie sich für diese Übung etwas Zeit. Sie benötigen einen Stift und einen Bogen Papier. Sammeln Sie aktuelle Informationen und Wissenswertes über Ihren Wohnort zu folgenden Themen:

1 Verkehr

2 Kommunales Bauen

3 Behörden und Institutionen

4 Wohnen

5 Restaurants

6 Kultur

Lösungstipps

- Nutzen Sie Quellen wie die Internet-Seiten Ihres Ortes und die Lokalzeitung.

- Insider-Infos sind immer beliebt: Was wissen Sie über öffentliche Projekte, worüber Sie unverfänglich sprechen können? Welche kulturellen Veranstaltungen, Restaurants oder sonstige Angebote für Bewohner und Gäste können Sie empfehlen (besser aufgrund eigener Erfahrung, weniger, weil Sie nur Gutes darüber gehört haben)?

Lösung

Hier nur einige Vorschläge:

1 Verkehr: Blitzlichtampeln, Verkehrsbaustellen, Schleich-
   wege und Abkürzungen, Parkmöglichkeiten und Ab-
   schleppfallen; die beste Verbindung von A nach B mit öffentlichen Verkehrsmitteln, Tarifänderungen im öffentlichen Nahverkehr; die schönsten Radwege.

2 (Kommunales) Bauen: Umweltprojekte, öffentliche Neu-
   bauten, Wohnungsbau (wo entstehen neue Wohnungen?)
   und vieles mehr

3 Behörden und Institutionen: Ihre persönlichen Erfahrungen mit Ämtern. Wo bekommt man was? Worauf sollte
   man bei welchem Behördengang achten?

4 Wohnen: Mietpreise und Angebotslage; welches Viertel
   entwickelt sich gerade zum In-Viertel, welches ist noch
   Geheimtipp? Was ist das Besondere an Ihrem Stadtviertel?

5 Restaurants: Das Ihrer Meinung nach beste/originellste/
   authentischste ... italienische/indische/thailändische ... Res-
   taurant, die nettesten Bars, Kneipen, Cafés; die günstigste
   Latte Macchiato etc.

6 Kultur: Neueröffnungen oder drohende Schließungen von
   Theatern und anderen kulturellen Stätten, anstehende
   Festivals und Ihre Erfahrungen bei der Besorgung von Kar-
   ten.

Praxistipps

- Wenn Sie im Alltag regelmäßig auf Veränderungen in Ihrem Viertel oder Ihrer Stadt, in Ihrem Dorf oder Ihrer Region achten und die Hintergründe etwas erkunden, haben Sie Stoff für Ihren nächsten Small Talk parat.

- Als Informationsquellen dienen z. B. die Internet-Seiten der Gemeinde/Stadt/Landesregierung oder von Verbänden und Institutionen. Reden Sie außerdem mit „Informanten" wie z. B. dem Friseur, dem Hausmeister, kommunalpolitisch engagierten Bekannten oder dem Rentner von nebenan, der Zeit hat, das öffentliche Leben im engen Umkreis zu verfolgen. Werfen Sie außerdem regelmäßig einen Blick in Lokalzeitung und Stadtteilanzeiger.

- Für Personen, die von außerhalb kommen, und für ausländische Gäste ist interessant, was Ihre Stadt an Kulturellem zu bieten hat. Erzählen Sie beim informellen Teil Ihrer Geschäftskontakte etwas über Ihren Wohnort und typische Bräuche. Auch die Stadtgeschichte ist ein spannendes Thema: Wovon lebten die Menschen in dieser Gegend früher, was wurde hergestellt oder angebaut?

- Außerdem sollten Sie einige Empfehlungen parat haben, was man in Ihrer Stadt gesehen haben muss. Praktische Tipps dazu sind oft hilfreich: Öffnungszeiten, die beste Besuchszeit und wie der Ort mit öffentlichen Verkehrsmitteln zu erreichen ist. Vielleicht haben Sie darüber hinaus einen Tipp, der in keinem Reiseführer steht?

Wer bist du?   **Übung 16**
Lebensverhältnisse erkunden   🕐 **7 min**

Ob man eine Familie hat, verheiratet, geschieden oder Single ist, berufstätig ist oder nicht, das interessiert die meisten Menschen. Die persönlichen Lebensverhältnisse sind daher ein häufiges Thema im Small Talk. Wenn Sie etwas über den anderen wissen wollen, dürfen Sie allerdings nicht zu neugierig wirken – gehen Sie unaufdringlich vor.

Stellen Sie sich vor, Ihre Unterhaltung ist gerade in Gang gekommen. Sie kennen Ihren Gesprächspartner so gut wie gar nicht. Was könnten Sie auf die folgenden Äußerungen erwidern, um das Thema auf die persönlichen Lebensverhältnisse zu lenken? Formulieren Sie Ihre Reaktion schriftlich.

1 Auf einer Party (1): „Ich spiele wie unser Gastgeber auch Handball in der Landesliga. Zurzeit haben wir jeden Samstag ein Spiel."

2 Auf einer Party (2) „Die Party ist wirklich nett ..."

3 Sie lernen jemand auf einem Vortrag kennen, der beim Austausch der beruflichen Tätigkeiten erzählt: „Ich mache gerade ein berufsbegleitendes Fernstudium als Wirtschaftsingenieur."

4 Bei einer Vernissage erzählt Ihr Gegenüber: „Ich gehe nicht so oft in Galerien, aber häufig ins Museum. Am liebsten unter der Woche, wenn es nicht so überfüllt ist."

Lösungstipps

Sie können verschiedene Techniken anzuwenden, um das Thema auf die Lebensverhältnisse umzulenken:

Technik 1: Sie sagen etwas zu der Äußerung, wobei Sie – ganz ohne Wertung – beim Gesprächspartner einfach bestimmte Lebensverhältnisse voraussetzen. Dann warten Sie ab, wie er darauf reagiert. Probieren Sie dies bei Aufgabe 1.

Technik 2: Sie leiten vom Thema über auf Ihre eigenen Lebensverhältnisse und fragen anschließend Ihren Gesprächspartner nach den seinen – nach dem Motto: Ich gebe etwas über mich preis, damit du mir von dir erzählst. Gestalten Sie den Übergang nicht zu abrupt. Ausprobieren können Sie diese Technik bei Aufgabe 2.

Technik 3: Sie stellen eine direkte Frage zu den Lebensverhältnissen, wobei Sie den Anlass Ihrer Frage unter Umständen begründen müssen. Das können Sie bei Aufgabe 3 und 4 probieren. Weitere Hinweise zu Fragetechniken finden Sie in den Übungen des Kapitels „Mit Fragen weiterkommen".

> Sie dürfen nicht zu persönlich werden. Stellen Sie nur Fragen, die Sie selbst auch zulassen würden.

Lösung

1 **Party 1:** Wenn Sie Technik 1 anwenden, fragen Sie z. B.: „Und das macht Ihrer Partnerin nichts aus, wenn Sie regelmäßig am Wochenende zum Spiel fahren?" Ist Ihr Gegenüber liiert, könnte er z. B. antworten: „Natürlich ist meine Frau nicht so glücklich darüber, aber sie weiß, dass es mir wichtig ist." Ist er Single: „Ich bin im Moment Single, da muss ich mich Gott sei Dank nach niemandem richten."

2 **Party 2:** Technik 2 erscheint geeignet, da hier ein Themenwechsel sehr leicht zu bewerkstelligen ist: „Ja, mir gefällt die Party auch gut. Schade nur, dass meine Freundin heute nicht mitkommen konnte. Sind Sie alleine da?"

3 **Studium neben Beruf:** Hier könnten Sie Technik 3 anwenden: „Ich finde es toll, wenn man so was neben seinem Job schafft. Jetzt sagen Sie bloß, Sie haben auch noch Familie?"

4 **Museum:** „Einen Museumsbesuch unter der Woche finde ich auch sehr angenehm. Aber bei mir geht das natürlich nur, wenn ich Urlaub habe. Sind Sie denn freiberuflich tätig?"

Praxistipps

Ein Small Talk ist kein Verhör. Lassen Sie also nicht eine persönliche Frage nach der anderen los („Wo wohnen Sie? Was machen Sie? Sind Sie verheiratet? Wie viele Kinder?") Das weckt Misstrauen und so entsteht kein echter Dialog.

Das Thema elegant wechseln

Übung 17
🕐 **6 min**

Hat sich ein Thema erschöpft, ist ein Themenwechsel fällig. Wie gehen Sie dabei vor?

1 Sie reden mit Ihrem Kollegen über Arbeitszeiten. Dass Sie heute ins Theater gehen, wollen Sie unbedingt noch loswerden. Sie sagen: „Ja, zurzeit steht wirklich viel Arbeit an ..." – und fahren wie fort?

2 In der Kantine. Der fußballbegeisterte Kollege schwärmt von seinem Verein, die Kollegin daneben interessiert sich nicht die Bohne für das Thema. Für Neuigkeiten aus Ihrer Abteilung aber sehr wohl, wie Sie wissen. Was sagen Sie?

3 „Hohe Arbeitslosenzahlen, stagnierende Wirtschaft, steigende Gesundheitskosten und Steuerlast – klar, dass der Bürger kein Geld mehr in der Tasche hat." Picken Sie sich aus dieser Rede ein Stichwort heraus, über das Sie auf ein ganz anderes – positives – Thema kommen: „Apropos ..."

4 Suchen Sie 5 angrenzende Themen zu „Kindergeburtstag".

Lösungstipps

- 1 und 2: Malen Sie sich die Situation vorher etwas aus. Es kommt nicht so sehr darauf an, was Sie sagen, sondern vielmehr, wie Sie den Übergang gestalten.

- Beim Themenwechsel kommt es darauf an, den Übergang nachvollziehbar zu gestalten, damit Sie Ihre(n) Gesprächspartner nicht überrumpeln.

Lösung

1 „Ja, zurzeit steht wirklich viel Arbeit an. Aber heute ist mir das egal, ich habe nämlich Theaterkarten für Hamlet."

2 „Ach, in der Bundesligatabelle tut sich momentan wirklich nicht viel. Aber bei uns in der Abteilung, das wollte ich Ihnen noch erzählen, gibt's was Neues ..."

3 Etwas kalauernd: „Apropos steigend – gestern habe ich mit meinem Sohn Drachen steigen lassen." – „Apropos Tasche: Wo haben Sie denn diese hübsche Tasche her?"

4 Geschenke; Freundeskreis der Kinder (vs. Freundeskreis Eltern); Spiele für ähnliche Anlässe; Ernährung der Kinder; Orte zum Feiern (Wohnung/Garten); Wetter;

Praxistipps

- Versuchen Sie zwischen verschiedenen Themen logische Anschlüsse wie in Lösung 1 zu finden. Begründen Sie, warum Sie ein Thema wechseln (wie in Lösung 2: „das wollte ich Ihnen noch erzählen ...").

- Greifen Sie sich ein Stichwort aus der Äußerung des Gesprächspartners heraus, das Sie zum Aufhänger Ihres neuen Themas machen. Der logische Zusammenhang ist dabei nicht so wichtig. Allerdings machen Sie damit auch deutlich, dass Sie das Thema ganz bewusst gewechselt haben – und der Unterbrochene könnte sich dadurch angegriffen fühlen.

- Die Wörter *eigentlich* (in Fragen) und *übrigens* (in Aussagen) signalisieren bei einem Themenwechsel Höflichkeit.

Berufstalk

Erzählen, was man beruflich macht

Übung 18

🕐 **5 min**

Sicher kennen Sie das beliebte Frage-Antwort-Spiel „Und was machen Sie (beruflich)?" Nichts scheint in Deutschland mit solcher Selbstverständlichkeit ausgetauscht zu werden wie die „berufliche Identität".

Überlegen Sie sich eine kleine Rede, in der Sie anderen von Ihrem Beruf erzählen. Dabei sollen Sie nicht fachsimpeln, sondern allgemeinverständlich erklären, was Sie machen. Überlegen Sie auch: Was ist das Spannende an Ihrem Job?

Machen Sie diese Übung am besten mit einem Partner oder nehmen Sie sich selbst mit einem Diktiergerät, Minidisc o. Ä. auf. Sie können sich vorher dazu einige Stichpunkte machen.

Lösungstipps

- Erzählen Sie in einfachen Worten, was Sie machen. Bilden Sie kurze Sätze, vermeiden Sie Fachsprache und Fremd-wörter.

- Stellen Sie Ihre Arbeit in einen größeren Zusammenhang

- Lassen Sie andere von Ihrem Wissen profitieren. Denn Insidertipps sind stets beliebt. Vielleicht haben Sie z. B. in Ihrem Beruf häufig Umgang mit Ämtern und wissen, wie man gute Beziehungen zu Beamten aufbaut?

Lösung

Hier ein Beispiel, wie ein Personalmanager seine Arbeit beschreiben könnte:

„Ich arbeite in der Personalabteilung. Ich leite zum Beispiel die Auswahlverfahren für alle, die in unserer Firma Karriere machen wollen. Dann muss ich qualifizierte junge Leute von der Uni für unser Unternehmen gewinnen. Das ist nicht leicht, aber auch spannend, wie Sie sich sicher vorstellen können. Denn an den wirklich guten Leuten sind natürlich noch viele andere Firmen interessiert. Und natürlich gehört auch was Langweiliges zu meinem Job, die Personalkennziffern. Das sind eine Menge Kontrolldaten und Zahlen, die in der Personalabteilung gesammelt und ausgewertet werden – damit wir alle noch besser arbeiten (*lacht*) ..."

Praxistipps

- Sie können alles Mögliche über Ihren Job berichten – solange es von allgemeinem Interesse ist. Ähnlich ist es mit der Ausbildung/dem Studium. Auch hier zählt nicht das Fachwissen, sondern das, was andere, die mit diesem Gebiet noch nie etwas zu tun hatten, daran interessieren könnte. Erklären Sie als Softwareentwickler z. B. Ihren Zuhörern, was Sie von der Sicherheit des Internets halten oder empfehlen Sie ein gutes Antivirenprogramm.

- Erzählen Sie von Ihrem Beruf stets anschaulich und lieber mit einem Augenzwinkern als zu ernst und trocken. Nehmen Sie sich selbst dabei nicht zu wichtig!

Wertschätzung zeigen

Übung 19
⏱ 5 min

Der Small Talk ist eine gute Gelegenheit, Ihre Wertschätzung anderen Personen gegenüber zum Ausdruck zu bringen. Mit einem aufrichtigen Kompliment oder einem kleinen Lob können Sie Loyalität, Dankbarkeit und Sympathie ausdrücken.

Versuchen Sie, folgenden Personen gegenüber mit ein paar einfachen Worten Ihre Wertschätzung zu zeigen. Machen Sie die Übung schriftlich oder mündlich. Setzen Sie Ihre Ergebnisse dann im Berufsalltag um, bei einem Gespräch im Büro, auf dem Gang, in der Kantine ...

Was sagen Sie ...

1 dem Kollegen/der Kollegin im Zimmer nebenan?
2 Ihrer/m Sekretär/in oder Assistenten/in?
3 der Putzfrau, die abends kommt?
4 Ihrer/m Vorgesetzten oder Projektleiter/in?
5 Ihrem Mitarbeiter/Ihrer Mitarbeiterin?

Lösungstipps

Wertschätzung können Sie ganz einfach bekunden. Betonen Sie, was Ihnen an der Person imponiert (Worin ist er Ihnen Vorbild? Welche Leistungen erkennen Sie an?), wofür Sie ihr dankbar sind und was Ihnen an ihr gut gefällt. Mit rein äußerlichen Komplimenten sollten Sie allerdings sehr vorsichtig sein, sie wirken schnell anbiedernd.

Lösung

Die Lösungen können nur sehr individuell ausfallen. Hier einige Beispiele:

1 „Sie haben mit dieser Produktlinie eine enorme Verantwortung übernommen, ganz zu schweigen von der vielen Arbeit. Ich finde das wirklich toll, wie Sie das schaffen."

2 „Ich wollte Ihnen schon immer mal sagen, wie sehr es mir hilft, dass Sie meine Termine so zuverlässig managen. Es ging ja wirklich sehr turbulent zu in der letzten Zeit. Vielen Dank!"

3 Wenn Sie schon mal mit der Putzfrau gesprochen haben, können Sie sich nach ihrer Familie erkundigen „Wie geht es Ihren Kindern?" Oder Sie sagen einfach anerkennend: „Sie sind ja wieder fleißig heute. Wir sind wirklich froh, dass wir Sie haben."

4 „Die Sitzung lief sehr gut. Ich hätte nicht gedacht, dass man für das Projekt alle gewinnen kann. Da haben Sie viel erreicht."

5 „Ich freue mich immer, wenn ich von Ihnen Berichte bekomme – schön griffig formuliert. Und bei den Zahlen macht Ihnen ohnehin niemand etwas vor."

Praxistipps

Für ein gutes Arbeitsklima sorgen Sie, wenn Sie mit Ihren Kollegen oder Mitarbeitern nicht nur über Berufliches reden. Denn damit bringen Sie zum Ausdruck, dass Sie sich für sie als Person und nicht nur für ihre Leistungen interessieren.

Was verbindet? Was trennt?

Gemeinsamkeiten entdecken

Übung 20
🕐 **5 min**

Die folgende Übung regt Ihre Kreativität und Assoziationsfähigkeit an. Sie brauchen dazu etwas zu schreiben.

Stellen Sie sich vor, zwei Menschen mit recht unterschiedlichen Hobbys treffen sich und beginnen eine Unterhaltung. Wie können sie sich austauschen? Was haben sie gemeinsam? Schreiben Sie in Stichworten auf, was Ihnen dazu einfällt.

1 Segeln – Schrebergarten

2 Tanzen – Klettern

3 komplexe Rätsel lösen – Ahnenforschung

4 Fußball – Schach

5 Kochen – Malen

6 Bogenschießen – Yoga

7 Golf – Bergwandern

8 Alte Filme – Krimis

Lösungstipps

Überlegen Sie, was sich von einem Gebiet auf das andere übertragen lässt. Wo gibt es Ähnlichkeiten? Könnten die Gesprächspartner womöglich ähnliche Motive zum jeweiligen Hobby gebracht haben?

Lösung

1 *Segeln – Schrebergarten*: Wer segelt oder im Schrebergarten werkelt, wird gerne an der frischen Luft sein; Tätigkeit ist vom Wetter abhängig, kann gesellig sein.

2 *Tanzen – Klettern*: Sportliche Tätigkeiten, erfordern beide Beweglichkeit und Kraft. Denkbar auch richtige Ernährung als verbindendes Thema.

3 *Komplexe Rätsel lösen – Ahnenforschung*: Tüftelei, für die viel Ausdauer nötig ist; man muss recherchieren, sich einarbeiten in das Thema. Spannender Moment, wenn es zur Auflösung kommt.

4 *Fußball – Schach*: Gegnerschaft, Spiel mit Regeln, Strategien und Taktik, starke und schwache Stellung.

5 *Kochen – Malen*: Beschäftigung mit sinnlichen Dingen, Kreativität erforderlich, stimmige Kompositionen (auch z. B. Farben), Entspannungsfaktor.

6 *Bogenschießen – Yoga*: Wichtig sind Konzentration auf das Innere und richtige Atmung, der Weg ist das Ziel, Berührungspunkte zu asiatischen Philosophien.

7 *Golf – Bergwandern*: Outdoor-Sport, Bewegung im Grünen, zu Fuß unterwegs sein.

8 *Alte Filme – Krimis*: Klassische Krimi-Verfilmungen.

Praxistipps

Ein Small Talk lebt vom Dialog. Monologisieren Sie also nicht ewig über Ihr Hobby, schon gar nicht, wenn den anderen das Thema nicht wirklich zu interessieren scheint.

Was Menschen verbindet

Übung 21

🕐 **5 min**

Eine Übung, die Sie gleich praktisch nutzen können und die Sie bei Ihrem Networking weiterbringt.

Nehmen Sie sich ein Blatt Papier und etwas zu Schreiben. Listen Sie fünf bis zehn Namen von Personen auf, die für Ihre Karriere wichtig sind oder noch wichtig werden könnten. Überlegen Sie, was Sie über jede einzelne Person wissen und was Sie mit ihr teilen könnten. Notieren Sie dazu Stichpunkte hinter dem Namen. Überlegen Sie dann, über was Sie mit der Person bei der nächsten Begegnung reden könnten, um einen guten Draht herzustellen.

Sie können auch Bekannte/Freunde/Kollegen über die Personen befragen. Vermeiden Sie aber den Eindruck, sie aushorchen zu wollen.

Lösung

Die Lösung kann nur individuell ausfallen. Wichtig ist, dass Sie die entdeckte Gemeinsamkeit im entscheidenden Moment auch zur Sprache bringen. Lassen Sie sich aber nicht frustrieren, wenn der Austausch dann doch nicht wie erhofft stattfindet, weil Ihr Gesprächspartner auf das Thema nicht einsteigt oder die Sache doch ganz anders sieht als Sie. Bleiben Sie flexibel!

Praxistipps

- Was machen Sie, wenn Sie bei einem Gesprächspartner keinen Anhaltspunkt haben, was Sie verbinden könnte? Das bedeutet nicht, dass Sie sich nicht gut unterhalten können. Zeigen Sie sich beim Small Talk stets offen, lern- und wissbegierig. Auch Ihnen fremde Lebenseinstellungen, überraschende Vorlieben oder ein ausgeprägter Humor des Gesprächspartners können den Small Talk tragen.

- Bringt Ihr Gesprächspartner ein Thema auf, das Ihrer eigenen Lebenswelt fremd ist: Bewerten Sie das Gesagte nicht sofort. Hören Sie erst einmal zu (siehe Übungen 28 und 29, ab S. 197). Akzeptieren Sie den anderen in seiner Andersartigkeit, versuchen Sie, seine Motive zu verstehen. Beweisen Sie, dass Sie vielseitig interessiert, tolerant und weltoffen sind. Finden Sie auch dann nichts, worüber Sie sich austauschen wollen, können Sie das Gespräch immer noch beenden. Wie, das lernen Sie in Übung 31.

Tabu-Thema? Übung 22
5 min

Im Folgenden lesen Sie verschiedene Meldungen aus den Medien. Entscheiden Sie, ob das Thema für einen Small Talk geeignet, eher mit Vorsicht zu genießen oder tabu ist.

1 McDonald's unterstützt mit einer Reihe von Partnern die Kampagne „Saubere Landschaft". Die Kampagne soll zur Abfallvermeidung und zum Recycling beitragen.

2 Als Traumhochzeit des Jahrhunderts wird die Vermählung des dänischen Kronprinzen Frederik mit Mary Donaldson gefeiert. Den Steuerzahler kostet sie rund 20 Millionen.

3 Für den Fall einer höheren Neuverschuldung erwägen Union und FDP eine Verfassungsklage.

4 Soll man Schuluniformen einführen, um Markenwahn und bauchfreien T-Shirts an Schulen den Kampf anzusagen?

5 In Geldern am Niederrhein hat ein siamesisches Hängebauchschwein eine Kuh gebissen und eine andere zu Tode gehetzt.

6 Die Bundesregierung plant ein Gesetz, dass es erlauben soll, Verkehrsrowdys künftig bis zu sechs Monaten (bisher drei) den Führerschein zu entziehen.

Lösungstipps

Überlegen Sie: Welche Reaktionen sind womöglich auf diese Themen zu erwarten? Welche Gesprächsatmosphäre ist beim Small Talk am ehesten erwünscht?

Lösung

1 *McDonald's*: Das Thema ist nur auf den ersten Blick geeignet. Denn dass die Fastfood-Kette jahrzehntelang den Plastikmüll förderte und nun als Umweltschützer auftritt, reizt zumindest zu unterschiedlichen Stellungnahmen.

2 *Traumhochzeit*: Promi-Klatsch ist im Small Talk beliebt.

3 *Neuverschuldung*: Politik, besonders Parteipolitik, gilt im Small Talk als tabu. Denn sie führt fast unweigerlich zu kontroverser Diskussion.

4 *Schuluniformen*: Ein geeignetes Thema für den Small Talk, denn es betrifft die ganze Gesellschaft. Vermeiden Sie allerdings, auf die politischen Implikationen abzuheben.

5 *Hängebauchschwein*: Gut geeignet. Versuchen Sie, den witzigen Aspekt zu betonen.

6 *Neues Verkehrsgesetz*: Erscheint auf den ersten Blick geeignet für den Small Talk, da Autofahren und Verkehrssicherheit viele Menschen betreffen. Doch da es wenig amüsant erscheint, ist es sicher nicht das Idealthema. Vorsicht ist auch geboten, wenn jemandem in der Runde der Führerschein schon einmal entzogen wurde.

Praxistipps

Sprechen Sie beim Small Talk nicht über politische Überzeugungen, familiäre Probleme, Religion, Katastrophen, Sex oder Intimes, Vermögensverhältnisse, psychische Probleme, Krankheiten und andere zu negative/zu persönliche Themen.

Das Gespräch souverän führen

Mit den Übungen in diesem Kapitel

- werden Sie fit in Fragetechniken (S. 187),
- fangen Sie an, besser zuzuhören (S. 197),
- finden Sie leichter den richtigen Ton (S. 193)
- und lernen, ein Gespräch höflich zu beenden (S. 201).

Darum geht es in der Praxis

Was tun, wenn das Gespräch stockt? Ganz einfach: Stellen Sie Ihrem Gegenüber Fragen. Das ist nicht nur wichtig für die eigene Horizonterweiterung – nur wer klug fragt, erfährt auch mehr über den anderen. Etwas Neugier ist also durchaus erlaubt beim Small Talk, solange Sie den anderen nicht in Bedrängnis bringen. Wenn der andere dann ins Reden kommt, gilt es erst einmal zuzuhören. Und auch hierfür gibt es eine Technik! Denn Zuhören bedeutet nicht, dass Sie mucksmäuschenstill sind – im Gegenteil: Erst, wenn Sie aktiv zuhören (mit Rückmeldungen im sprachlichen und nonverbalen Bereich) und Anteil am Gesagten nehmen, werden Sie sich mit Ihrem Gegenüber auch gut verstehen.

Gut zuzuhören ist ein Gebot der Höflichkeit – und um die geht es sehr oft im Small Talk. Ein weiteres Merkmal von Höflichkeit ist zum Beispiel, die Dinge nicht immer so auszusprechen, wie man sie sich gerade denkt. Damit Sie sich dabei nicht verbiegen, sollten Sie lernen, die Bedeutung und Wirkung von indirektem Sprechen einzuschätzen. Mit dieser Technik ermöglichen Sie sich und Ihren Gesprächspartnern, das Gesicht zu wahren – auch wenn Sie einmal ganz anderer Meinung sind. Dass man sein Herz nicht immer auf der Zunge trägt, gilt aber auch, wenn man sich aus einem Gespräch verabschieden möchte. Damit der Abbruch nicht abrupt geschieht, lernen Sie noch, geschickt auf ein Ende hinzulenken. Wenn es Ihnen dann noch gelingt, einen positiven Anker zu setzen, haben Sie alles richtig gemacht!

Mit Fragen weiterkommen

Einfach fragen   Übung 23
⏱ **5 min**

Überlegen Sie sich jeweils zehn Fragen zu den folgenden Themen, in denen Ihr Gesprächspartner sich auskennt (oder zu drei Themen Ihrer Wahl). Formulieren Sie Ihre Fragen schriftlich aus. Wählen Sie dann die fünf besten aus und überlegen Sie, warum sie besser sind als die anderen.

1 Golf (oder eine andere Sportart)
2 Astrologie
3 Kochen und Essen

Alternative Partnerübung: Ihr Partner überlegt sich ein Thema, in dem er sich gut auskennt. Sie stellen Fragen dazu, mit dem Ziel, möglichst viel über das Gebiet zu erfahren. Gleichzeitig sollten Sie auch versuchen, mehr über Ihr Gegenüber zu erfahren. Das Gespräch sollte im Fluss bleiben, ohne dass es zu einem reinen Interview gerät.

Lösungstipps

Gute Fragen im Small Talk stellen den Angesprochenen nicht vor zwei Alternativen, sodass mit „Ja" und „Nein" schon alles gesagt ist, sondern laden zu einer ausführlicheren Antwort ein. Stellen Sie also offene Fragen (vor allem W-Fragen, also solche, die mit *wer, was, wann, wie, wo, warum* beginnen).

Lösung

Hier einige Vorschläge:

1 Golf: Wie lange spielen Sie schon Golf? – Können Sie mir erklären, was ein Birdy ist? – Gibt es zurzeit gute deutsche Golfspieler? – Stimmt es, dass Golf immer beliebter wird? – Was reizt Sie an dieser Sportart? – Spielen Sie auch im Ausland?

2 Astrologie: Welche Eigenschaften schreibt man denn dem Widder zu? – Was hat das mit den Aszendenten eigentlich auf sich? – Was halten Sie denn von den Billig-Horoskopen in Zeitschriften? – Waren Sie schon einmal bei einer astrologischen Beratung? – Wie erklärt es die Astrologie, dass Zwillinge oft so unterschiedlich sind?

3 Essen/Kochen: Wer kocht denn bei Ihnen daheim? – Kochen Sie auch viel selber? – Kennen Sie einen guten Thailänder? – Welche Zutaten kommen bei Ihnen in ... (z. B. die Sauce Bolognese)? – Welche Kochsendung könnten Sie mir als Anfänger denn empfehlen?

Praxistipps

- Für die Anfangsphase sind konventionelle Fragen am besten geeignet. „Wie geht es Ihnen?" können Sie direkt nach der Begrüßung anschließen, vorausgesetzt, Sie kennen die Person schon etwas näher. Auch Fragen zur aktuellen beruflichen Situation sind möglich: „Wie läuft es denn momentan beruflich?" Mit konventionellen Fragen eröffnen Sie jedoch eine relativ vorhersehbare Gesprächssequenz.

Nachteil: Das Frage-Antwort-Spiel kann auch ziemlich schnell wieder vorbei sein. („Wie geht es Ihnen?" „Gut, danke, und Ihnen?" „Auch gut.")

- Auch Alternativfragen (Fragen, die mit Ja oder Nein beantwortet werden) können zu ausführlicheren Antworten anregen, es kommt nur darauf an, wie sie gestellt sind. „Kennen Sie einen guten Thailänder?" z. B. verlangt im Fall der Bejahung durchaus nach mehr Information.

Fragen sind der Königsweg, um einen Small Talk am Laufen zu halten. Dabei sollten Sie aber stets mit „liebevoller Neugier" vorgehen.

Szenarien entwerfen   Übung 24
                                 ⏱ 5 min

Ein gutes Mittel, um Ihren Gesprächspartner zum Reden zu bringen, sind Szenariofragen. Dazu entwerfen Sie ein knappes Szenario, einen Vorstellungsraum, und fragen dann, was Ihr Gesprächspartner in dieser Situation machen würde.

Denken Sie sich drei bis vier solcher Szenariofragen aus.

Lösungstipps

- Überlegen Sie, was Sie selbst für Träume oder Vorstellungen haben.
- Greifen Sie nur „smalltalk-kompatible" Themen auf (zu Tabuthemen s. Übung 22).
- Beginnen Sie mit „Stellen Sie sich vor ..." bzw. „Stell dir vor ..."

Lösung

Hier einige Vorschläge für Szenariofragen:

- „Was würdest du als erstes machen, wenn du im Lotto gewinnen würdest?"

- „Was würden Sie machen, wenn Sie heute noch mal von vorne anfangen könnten?"

- „Was wünschen Sie sich für das kommende Jahr?"

- „Was würden Sie tun, wenn Sie ein Unternehmen erben würden?"

- „Stellt euch vor, hier taucht Veronika Ferres auf. Wie würdet ihr sie ansprechen?"

Praxistipps

Mit Fragen kommen Sie im Small Talk weiter, wenn das Gespräch stockt. Doch denken Sie daran, dass ein Small Talk weder ein Interview noch ein Verhör ist. Wie die meisten Alltagsgespräche sollte der Dialog symmetrisch sein, d.h. beide Partner sind bei der Gestaltung gleichberechtigt. Wenn Sie also viele Fragen stellen, darf Ihr Gesprächspartner das auch. Wenn Sie von ihm etwas wissen wollen, darf er auch etwas von Ihnen erfahren. Das Gespräch sollte ein gegenseitiges Geben und Nehmen sein.

> In einer Runde mit Freunden können Sie Szenariofragen als Partyspiel einsetzen. Als Kaltstart sind sie allerdings nicht geeignet; ein wenig kennen sollten Sie Ihren Gesprächspartner schon.

Direkt oder indirekt?

Übung 25

🕐 **5 min**

Testen Sie die Wirkung direkter Äußerungen (z. B. direkte Fragen) gegenüber indirekten (z. B. versteckten Fragen). Welche Formulierung würden Sie im Small Talk vorziehen?

Direkt	Indirekt/versteckt
1 Können Sie mich mitnehmen?	Ich suche noch eine Mitfahrgelegenheit.
2 Haben Sie Kaffee gekauft?	Ich suche gerade den Kaffee.
3 Sind Sie alleine hier?	Mit Partner sind wohl die wenigsten hier.
4 Bringst du mir ein Bier mit?	Mein Glas ist auch leer.
5 Ich hatte Ihren Kompagnon aber auch erwartet!	Wollten Sie nicht Ihren Kompagnon mitbringen?
6 Verlassen Sie sich keinesfalls auf diese Firma!	Ich wäre bei dieser Firma vorsichtig.
7 Sie müssen unbedingt Golf spielen!	Golf ist wirklich ein schöner Sport.

Lösungstipps

Was macht indirektes Sprechen aus? Und hat es immer den gleichen Effekt? Überlegen Sie, welche Absicht hinter der jeweiligen Äußerung steckt.

Lösung

Da nach Ihrem Eindruck gefragt wurde, gibt es hier keine richtige Lösung. Dazu aber einige Erklärungen: Der Effekt von indirektem Sprechen ist, dass die Absicht, die der Sprecher damit verfolgt, vage bleibt. Der Gesprächspartner muss diese erst erkennen. So steckt in der linken Variante von 5 ein relativ offener Vorwurf, der in der Frageform nur abgeschwächt erscheint. In vielen Kontexten wirkt indirektes Sprechen höflicher, weil es den anderen weniger stark auf eine bestimmte Reaktion festlegt. Somit mögen Ihnen die Alternativen in der rechten Spalte eher höflich erschienen sein (wobei der Tonfall immer eine wichtige Rolle spielt).

Sagt ein Partygast allerdings „Mein Glas ist auch leer", wenn sich jemand erhebt, um ein Bier zu holen, anstatt „Könnten Sie mir bitte auch ein Bier mitbringen?", ist das weder höflich noch ist die Absicht groß verschleiert. Kein Wunder, wenn in so einer Situation der (nur indirekt) Angesprochene den Ball entsprechend zurückgibt und sagt: „Das ist aber schade für Sie." oder „Wie es wohl wieder voll wird?" Indirektes Sprechen ist also nicht immer die höflichste Lösung.

Praxistipps

Das Ungezwungene des Small Talk erreichen Sie durch einen zurückhaltenden Kommunikationsstil: Gestehen Sie Ihrem Gesprächspartner immer verschiedene Reaktionsmöglichkeiten zu! Drängen Sie ihn niemals zu Bekenntnissen, legen Sie ihn nicht auf Versprechen fest, zwingen Sie ihn nicht zu irgendwelchen Auskünften – kurz: Nötigen Sie ihn zu nichts!

Höflich fragen und verbindlich seine Meinung sagen

Übung 26

🕐 **5 min**

Im Small Talk ist Verbindlichkeit gefragt. Doch manchmal ist man eben neugierig, will seine Meinung sagen oder eine Ungereimtheit aufklären etc. Sehen Sie sich die folgenden, relativ direkten Äußerungen an. Wie können Sie sich höflicher ausdrücken?

1 „Wie heißt der da drüben noch mal?"

2 „Wie alt sind Sie?"

3 „Wo haben Sie diese Weisheit her?"

4 „Können Sie mir den Kontakt zu Frau X verschaffen?"

5 „Ich finde dieses neue Programm völlig unbrauchbar."

6 „Wer diesen Film verpasst, ist selbst Schuld."

Lösungstipps

- Eine einfache Möglichkeit: Sie formulieren in freundlicheren Worten und machen klar, dass Sie damit niemandem zu nahe treten wollen.

- Eine andere Strategie haben Sie schon bei der Erkundung der Lebensverhältnisse kennen gelernt: Sie begründen Ihre Frage, wobei der Grund einleuchtend sein muss.

- Sie relativieren Ihre Aussage von vornherein, stellen sie nicht als absolut dar.

- Sie verwenden indirektes Sprechen (siehe vorige Übung).

Lösung

1 Namen: „Können Sie sich an den Namen des Herrn da drüben erinnern?" Mit Begründung: „Ach, jetzt wollte ich mich mit dem Herrn da drüben unterhalten und weiß seinen Namen nicht mehr. Wissen Sie ihn noch?"

2 Alter: Sie setzen das angenommene Alter in ein positives Licht: „In Ihrem Alter spielt ja … noch keine so große Rolle." Und warten die Reaktion ab.

3 „Weisheit": Wenn Sie große Zweifel am Wahrheitsgehalt haben: „Sicher haben Sie dafür auch eine Quelle." Oder Sie tun überrascht: „Ach, letztens las ich, dass es sich ganz anders verhält, nämlich …"

4 Kontakt: Sagen Sie es ruhig direkt, aber höflich: „Es wäre schön, wenn Sie mich Frau X vorstellen könnten. Meinen Sie, dazu gibt es einmal Gelegenheit?" – „Herrn X würde ich sehr gerne einmal kennen lernen."

5 Kritik am neuen Programm: „Ich weiß nicht so recht, was uns das neue Programm bringen soll. Es ist so furchtbar fehleranfällig und langsam dazu."

6 Film: „Dieser Film hat zu Recht gute Kritiken bekommen. Ich fand ihn sehr sehenswert. Schauen Sie ihn an?"

Praxistipps

Fragen klingen höflicher durch den Gebrauch verschiedener Modalverben (*können, dürfen*) und die sog. Füllwörter wie *denn, eigentlich, mal, bitte, wohl:* „*Könnten Sie mir wohl* ein Bier mitbringen?" Auch höfliche Einleitungsfloskeln sind gut geeignet im Small Talk: „Wären Sie so nett, …?"

Fragen-Training

Übung 27
🕐 **10 min**

Mit diesen abschließenden Übungen können Sie Ihre Fragetechnik verbessern.

1 **Partnerübung:** Ihr Partner soll sich eine Episode überlegen, die er kürzlich erlebt hat. Er erzählt Ihnen diese Geschichte, allerdings auf die wesentlichen Fakten reduziert. Sie versuchen, durch Fragen möglichst viele Details zu erfahren. Vermeiden Sie aber den Eindruck, Ihren Gesprächspartner zu löchern.
Nehmen Sie das Gespräch auf und überlegen Sie, was sich noch verbessern lässt.

2 **Praxisübung:** Nehmen Sie sich vor, bei nächster Gelegenheit (wenn es die Situation erlaubt) einen Small Talk mit einer Ihnen wenig vertrauten Person zu führen und dabei mehr über sie zu erfahren (z. B. mit einem/r entfernt Verwandten, einem/r flüchtig Bekannter/n, einem/r Kollege/in, mit dem/der Sie nicht so viel zu tun haben). Lenken Sie den Dialog überwiegend mit Fragen. Stellen Sie den anderen in den Mittelpunkt.

Lösungstipps

Sie können auch mehr über Ihr Gegenüber erfahren, ohne dauernd Fragen zu stellen. Wählen Sie indirektes Sprechen! Auch eine Möglichkeit: Sie stellen Vermutungen an, die der andere bestätigt oder widerlegt. Achten Sie darauf, den anderen nicht unhöflich zu unterbrechen!

Hier gibt es nur individuelle Lösungen, daher hier einige Hinweise zu weiteren Techniken und Regeln.

Praxistipps

- Mit einer anknüpfenden Fragen können Sie elegant Informationen erfragen, ohne dies begründen zu müssen: „Ich kann Sie mitnehmen, ich fahre ohnehin bei Ihnen vorbei." – „Ach, toll. *Wo wohnen Sie denn?"*
  Themenwechsel leiten Sie mit eigentlich ein: „Der Film gefiel mir nicht so gut. Gehen Sie eigentlich auch gerne ins Theater?" Das klingt freundlich und verbindlich.

- Den obersten Chef Ihres Unternehmens werden Sie natürlich nicht so ungezwungen befragen können, wie jemanden, mit dem Sie „von Gleich zu Gleich" sprechen. Dennoch: Haben Sie nicht zu viel Scheu. Small Talk ist „demokratischer", als Sie vielleicht denken. Außerdem lautet eine wichtige Small-Talk-Regel, seinem Gesprächspartner echtes Interesse entgegen zu bringen.

- Eine zweite Regel im Small Talk besagt: Werte dein Gegenüber auf. Beweisen Sie mit Ihren Fragen z. B., dass Sie die Meinung Ihres Gegenübers interessiert.

Mit Fragen können Sie die Beteiligung am Gespräch regeln und zum Beispiel in einer Runde gezielt Personen einbeziehen, die noch nicht zu Wort gekommen sind. Übertreiben Sie es aber nicht mit der „Moderatorenrolle". Stellen Sie Ihre Fragen stets freundlich und ohne Druck.

Zuhören – der Schlüssel zum Erfolg

Hören Sie richtig zu?   Übung 28
🕐 **3 min**

Stellen Sie sich vor, ein befreundeter Projektleiter erzählt Ihnen auf einer Party Folgendes: „Ich weiß einfach nicht weiter. Ich stecke in einem Projekt fest, das nicht enden will. Der Chef macht Druck, die meisten im Team sind aber völlig desinteressiert und es geht nichts vorwärts! Ich kann schon nicht mehr richtig schlafen, weil der Termin so drückt. Und ausgerechnet jetzt bahnt sich bei mir auch noch eine Erkältung an. Ich fühl mich so ausgelaugt wie noch nie. Manchmal glaube ich wirklich, dass ich den falschen Job habe."

Was sagen Sie Ihrem Freund? Wählen Sie aus und schreiben Sie Ihre Antwort auf.

A: Sie geben ihm Ratschläge, z. B. Projekt umstrukturieren, Mitarbeiter oder Kollegen noch mehr einspannen, mehr Aufgaben delegieren.

B: Sie erzählen von Ihren Erfahrungen, z. B. bei Ihnen wäre es auch schon einmal so schlecht gelaufen, woraufhin Sie beschlossen hätten, mehr zu delegieren. Und das habe auch geklappt.

C: Sie kommentieren das Thema kurz, wechseln dann aber zu einem positiveren Thema.

D: Sie sagen etwas ganz anderes, nämlich: ...

Lösung

Ratschläge in einer Notlage zu geben, ist heikel – denn ist dies immer passend? Geht es nicht um etwas anderes? Eines scheint doch ziemlich deutlich: Ihr Freund ist mit den Nerven am Ende. Was er jetzt dringender braucht als einen Ratschlag in der Sache, sind ermutigende Worte oder Trost. Und mit einem kurzen Kommentar lässt sich das sicher nicht erledigen. Dass Sie in so einer Situation Ihre eigenen Erfahrungen einbringen, ist prinzipiell in Ordnung – aber dabei sollten die Bedürfnisse Ihres Freundes weiterhin im Mittelpunkt stehen.

Angemessen wäre es daher, wenn Sie zum Beispiel sagten:

„Ich verstehe, wie du dich fühlst. Mir hat ein Projekt auch schon mal so zugesetzt. Das kann einem wirklich den Schlaf rauben. Und dann noch halbkrank, das ist wirklich Mist. Aber du bist ein guter Projektleiter, das weiß ich. Lass dich davon nicht fertig machen, du leistest gute Arbeit. Vielleicht kannst du mal mit deinem Chef reden – er sollte verstehen, dass du jetzt noch einen guten Mitarbeiter ins Boot holen musst, damit das Projekt nicht den Bach runter geht."

Die richtige Lösung ist damit sicher eine Mischung aus allem – und Sie sollten auf jeden Fall auf die Gefühle des Freundes eingehen, was A – C nicht erfüllen. Erst Trost, dann Ratschläge – so wird sich der Freund sicher besser verstanden fühlen, als wenn Sie ihm gleich eine fertige „Lösung" präsentieren.

Aktiv zuhören

Übung 29
🕐 15 min

Für diese Partnerübung bereitet Ihr Partner drei Themen vor (Sachthemen, Geschichten/Anekdoten etc.), über die er etwa jeweils zwei Minuten spricht. Ihre Aufgabe lautet: aufmerksam zuhören, und zwar jedes Mal auf etwas andere Art:

1 Beim ersten Thema hören Sie nur zu und sagen nichts.

2 Beim zweiten Thema üben Sie das aktive Zuhören. Dazu nehmen Sie regelmäßig Blickkontakt auf, geben Rückmeldungen, stellen Rückfragen, wenn Sie etwas nicht verstanden haben, fassen das Gesagte öfter zusammen. Vermitteln Sie außerdem Ihrem Partner (etwa durch Gestik und Mimik), dass Sie ihn (seine Gefühle) verstehen.

3 Beim dritten Thema versuchen Sie den Dialog selbst mitzugestalten. Bei einer Geschichte können Sie Vermutungen anstellen, was als nächstes passiert oder wie die Geschichte ausgeht etc. Spricht Ihr Partner über ein Sachthema, stellen Sie z. B. öfter Zwischenfragen. Bringen Sie auch Ihre Erfahrungen ein.

Resümieren Sie abschließend gemeinsam das Ergebnis aller drei Gespräche: Wie haben Sie sich beide gefühlt? Wann haben Sie nach Meinung Ihres Partners am besten zugehört?

Nehmen Sie diese Übung auf Band auf, dann können Sie das Ergebnis besser analysieren.

Lösung

Am besten zugehört haben Sie wahrscheinlich bei der zweiten Variante. Je stärker Sie sich nämlich mit Ihren eigenen Vorstellungen einschalten (Variante 3), umso aktiver nehmen Sie am Gespräch teil, sind also nicht mehr *nur* Zuhörer. In manchen Situationen passt dies natürlich (z. B. beim gemeinsamen Erzählen). Aber wenn es wirklich ums Zuhören geht, sollten Sie das Rederecht nur unterstützend übernehmen: Sie bekräftigen z. B., was der andere sagt, Nicken, kommentieren höchstens kurz und stellen Verständnisfragen.

Praxistipps

- Wichtige Merkmale des aktiven Zuhörens sind: Blickkontakt, Zuwendung mit dem Körper, Spiegelung der Mimik und Körpersprache.

- Verbal signalisieren Sie Verständnis mit Signalen wie: *Mhm. Aha. Verstehe.* Motivierend wirken Kommentare wie: *Erzählen Sie! Ist das wahr? Das ist ja spannend!*

- Die Gefühle Ihres Gegenübers spiegeln Sie mit: *Genau. Wie schön. Wie schade. Das ist ja gemein.* Rückmeldungen sollten allerdings nie mechanisch wirken. Und sie sollten auch Ihrer Gefühlslage entsprechen. Sagen Sie also nicht „Toll!", wenn Sie nicht wirklich begeistert sind.

Ob Sie etwas sagen, nur mit dem Kopf nicken oder die Augenbrauen runzeln – nehmen Sie Anteil am Gesagten und beweisen Sie damit Interesse an Ihrem Gegenüber.

Einen Small Talk beenden

Sich verabschieden   **Übung 30**
🕐 **5 min**

Wie würden Sie sich in folgenden Situationen verabschieden?
Sprechen Sie auf Band oder notieren Sie:

1 Sie unterhalten sich mit dem Postboten übers Wetter.
Doch nun ruft die Pflicht.

2 Ein etwas steifer Empfang. Sie haben eine wichtige Person
begrüßt, doch Herr Loiber, ebenfalls sehr wichtig, ist schon
ganz wild auf ein Gespräch mit Ihrem Gesprächspartner.
Sie bemerken das und ziehen sich höflich zurück.

3 Ein anstrengender Termin, doch Sie haben ein gutes Ergebnis erzielt. Nach ein paar Worten über die Wochen-
endplanung verabschieden Sie Ihren Geschäftspartner.

Lösungstipps

Beachten Sie vier Ziele beim Beenden eines Small Talks:

- Ausblick: Schließen Sie mit einem positiven Ausblick ab.

- Blick in die Vergangenheit: Verdeutlichen Sie noch einmal
Ihr Interesse am Gesagten, fassen Sie zusammen.

- Aufwertung des Partners: Drücken Sie spätestens jetzt Ihre
Achtung, Dankbarkeit oder Wertschätzung aus.

- Blick in die Zukunft: Stellen Sie ein neues Treffen in Aus-
sicht und/oder geben Sie Ihrem Partner gute Wünsche mit
auf den Weg.

Lösung

1 Postbote: „So, nun muss ich wieder an die Arbeit. Danke für den Plausch – und einen schönen Tag noch! Auf Wiedersehen."

2 Empfang: „Gerne würde ich mich noch etwas weiter mit Ihnen unterhalten, doch ich glaube, Herr Loiber will Sie sprechen. Vielleicht können wir unser Gespräch ja auch später fortsetzen. Es hat mich jedenfalls sehr gefreut. Einen schönen Abend noch."

3 Geschäftstermin: „Das Wochenende haben wir uns jetzt wirklich verdient. Vielen Dank, dass Sie gekommen sind. Ich hoffe, Sie sind so zufrieden mit dem Ergebnis wie ich. Ich melde mich dann am ... wieder. Darf ich Sie noch hinausbegleiten? Eine gute Fahrt, hoffentlich kommen Sie ohne Stau nach Hause! Auf Wiedersehen, bis zum nächsten Mal!"

Praxistipps

Einfach ist es, wenn Ihr Gesprächspartner die Unterhaltung beenden will. Kommen Sie ihm entgegen: Schließen Sie das laufende Thema ab oder nutzen Sie eine Gesprächspause und leiten Sie anschließend zum Abschluss über, zum Beispiel mit: „Schön, dass wir uns unterhalten haben. Aber jetzt wollen Sie sicher auch noch andere Leute begrüßen ..." Halten Sie dabei Blickkontakt und lächeln Sie Ihr Gegenüber freundlich an. Sendet Ihr Gegenüber keine Signale, die einen Abbruch des Gesprächs erleichtern, beenden Sie das Gespräch selbst. Das trainieren wir in der folgenden Übung.

Das Gespräch höflich auf ein Ende lenken

Übung 31

🕐 **6 min**

Wie können Sie ein Gespräch höflich beenden? Wir schlagen für ein smalltalkgerechtes „Closing" sechs Schritte vor. Finden Sie Formulierungen, die möglichst allgemein sind und zu vielen Situationen passen:

1. Versuchen Sie, das gerade besprochene Thema abzukürzen bzw. mit einer Zusammenfassung zu Ende zu führen (auf positive Weise). Oder bestätigen Sie die Beendigung eines Themas.

2. Leiten Sie zum Gesprächsende über (live am besten nach einer kleinen Gesprächspause). Dabei sprechen Sie Ihr Bedürfnis, zu gehen, indirekt an oder Sie äußern Ihren Wunsch direkt.

3. Begründen Sie Ihren Wunsch nach Beendigung des Gesprächs, um nicht unhöflich zu wirken.

4. Bewerten Sie das Gespräch/den Partner positiv.

5. Blicken Sie in die Zukunft.

6. Verabschieden Sie sich freundlich.

Lösungstipps

Vielleicht fallen Ihnen vor allem floskelhafte Wendungen ein, auch solche, die verschiedene Schritte zusammenfassen. Beides ist kein Problem, kommt im realen Gespräch sogar meistens vor. Und natürlich läuft das Ganze dialogisch ab.

Lösung

1 Thema abschließen: „Vielleicht sollten wir hier eine Pause machen, weil es uns sonst zu weit führt. Aber was Sie dazu gesagt haben, darüber werde ich gerne nachdenken." – „Darüber sollten wir uns noch mal ausführlich unterhalten." – „Das war wirklich eine tolle Geschichte."

2 Closing einleiten: „Oh, es ist schon so spät! (Blick auf die Uhr) Ich glaube, ich muss jetzt los." – „Macht es Ihnen etwas aus, wenn wir das Gespräch ein andermal fortsetzen?"

3 Begründung: „Sicherlich möchten Sie sich auch noch mit ein paar anderen Leuten unterhalten." – „Ich habe da hinten jemanden gesehen, mit dem ich noch ein paar Worte wechseln muss." – „XY wollte noch etwas von mir wissen, entschuldigen Sie mich bitte."

4 Aufwertung: „Es war sehr nett, sich mit Ihnen zu unterhalten." – „Es war ein sehr interessantes Gespräch." – „Vielen Dank für die angeregte Unterhaltung." – „Schön, Sie kennen gelernt zu haben."

5 Blick in die Zukunft: „Wir sehen uns noch, denke ich." – „Das sollten wir unbedingt mal fortsetzen." – „Ich hoffe, dass wir uns bald mal wiedersehen." – „Ihre Telefonnummer habe ich ja jetzt, ich werde mich bald melden."

6 Verabschiedung: „Auf Wiedersehen." – „Bis später/bis dann!" – „Also dann auf Wiedersehen, und noch einen schönen Abend." – „Alles Gute und viel Spaß noch."

Kritische Situationen beherrschen

Das gesellschaftliche Parkett ist glatt. Lernen Sie daher,

- sich Namen besser zu merken und einen Anker für den eigenen zu setzen (S 207),
- in peinlichen Situationen passende Worte zu finden (S. 211) und
- auf unfaire Angriffe gegen Sie oder Dritte angemessen zu reagieren (S. 215).

Darum geht es in der Praxis

Sicher kennen Sie das – Sie sind neu im Unternehmen, und bei einem kleinen Empfang werden Ihnen zahlreiche Kollegen und Vorgesetzte vorgestellt. Am nächsten Tag haben Sie fast alle wieder vergessen. Das ist kein Beinbruch – doch umso besser stehen Sie da, wenn Sie sich auch viele neue Namen auf Anhieb gut merken können. Und gleichzeitig dafür sorgen, dass Ihrer nicht sofort vergessen wird.

Ein weiteres Thema dieses Trainingsabschnitts widmet sich den weniger angenehmen Momenten, die man in größerer Runde aber immer wieder erlebt: Jemand tritt Ihnen wiederholt auf den Fuß, ein Stromausfall legt den Projektor lahm, der Kellner schüttet ein Glas Wein über Ihren Rock. Seinem Ärger laut Luft macht nur, wer selbst „unfehlbar" ist und keine Vorstellung davon hat, dass man mit seinen Mitmenschen auch morgen noch gut auskommen möchte. Doch Sie wollen Pannen und Missgeschicken mit Contenance begegnen – und suchen vielleicht nach entlastenden Worten.

Ärgerlicher ist es da schon, wenn böse Zungen über abwesende Kollegen oder Bekannte herfallen, der Ton in einer Runde derb, frauenfeindlich oder man selbst Opfer eines unfairen Angriffs wird. Gegen Störer, die das Niveau herabziehen, sollten Sie wirksame Techniken entwickeln: Klatschen ist zwar erlaubt, aber man kann es auch „milder ausdrücken". Und wer Sie heftig attackiert, dem dürfen Sie es sogar mit gleicher Münze zurückzahlen – mit einem Quäntchen Schlagfertigkeit wird Ihnen dies gelingen!

Namen merken? Kein Problem

Namen memorieren mit den Küchengästen

Übung 32
🕐 **10 min**

Viele Menschen können sich Namen nur schwer merken. Kein Grund zur Panik: Erstens stoßen Sie in der Kennlernphase niemanden vor den Kopf, wenn Sie einmal nachfragen, wie der Name war. Zweitens können Sie das Memorieren von Namen trainieren:

Stellen Sie sich vor, in Ihrer Küche findet eine Party statt – mit lauter fremden Menschen. Die Gäste sind: Ihre Küchengeräte, die umstehenden Möbel und andere Gegenstände.

Gehen Sie in Ihrer Küche herum und vergeben Sie an drei Gegenstände Nachnamen, zum Beispiel: Küchenwaage „Frau Wagner", Herd „Herr Müller", Obstschüssel „Herr Ziemsen". Zeigen Sie auf die Gegenstände und sprechen Sie die Namen laut aus. Gehen Sie weiter herum, wechseln Sie die Richtung und sprechen Sie die Gegenstände immer wieder an. Erweitern Sie dann die „Gästeliste" um zwei neue Namen: Spülmaschine „Frau Schröder", Glas auf dem Tisch „Herr Mittler", und nach etwa 30 Sekunden um zwei weitere: Anrichte „Frau Winter", Küchenhandtuch „Frau Fiedler". Machen Sie weiter, bis Sie auf etwa 20 Namen gekommen sind.

Lösungstipps

Leichter wird es, wenn Sie Beziehungen zwischen den Gästen herstellen: „Frau Fiedler hängt an Frau Winter".

Lösung

Hier gibt es keine „Lösung". Übertragen Sie diese Übung jedoch auch auf reale Situationen: Wenn Sie etwa neu in einem Unternehmen sind, sprechen Sie die Kollegen und Kolleginnen immer mit Namen an, wenn Sie sie treffen. Auf Veranstaltungen gehen Sie im Geiste öfter die Namen der Anwesenden durch etc. Versuchen Sie sich dabei gleichzeitig zu merken, in welchem Verhältnis die verschiedenen Personen zueinander stehen.

Praxistipps

- Einen schwierigen Namen merken Sie sich leichter, wenn Sie ihn im Gespräch thematisieren: „Wo kommt Ihr Name her?" oder: „Wissen Sie, was dieser Name bedeutet?"

- Sie können sich von Ihrem Gesprächspartner auch eine Eselsbrücke bauen lassen: „Ein ausgefallener Name, wie merke ich ihn mir am besten?" Oder Sie fragen nach der Schreibung oder bringen einen Vergleich an: „Staudel, wie die Staude, nur mit ‚l'?"

- Treffen Sie eine Person nach längerer Zeit wieder und will Ihnen der Name partout nicht einfallen, versuchen Sie zunächst im Gespräch eine gemeinsame Erinnerung wachzurufen: „Hallo, was für ein netter Zufall! Wir hatten uns letztes Jahr doch auch genau an diesem Messestand getroffen." Dann fragen Sie noch einmal nach dem Namen. So verdeutlichen Sie Ihrem Gegenüber: Sie haben zwar den Namen vergessen, die Person aber nicht.

Einen Anker für Ihren Namen bilden

Übung 33

⏱ **3 min**

Auch für Ihre Gesprächspartner kann es unter Umständen schwer sein, sich Ihren Namen zu merken. Wenn Sie ihnen einen „Anker" bieten, eine Verbindung mit etwas mehr oder weniger Ungewöhnlichem, helfen sie ihnen.

1 Suchen Sie sich eine/n prominente/n Namensvetter/in: Was könnte Sie verbinden? Was unterscheidet Sie deutlich voneinander?

2 Überlegen Sie sich eine (witzige) Eselsbrücke, eventuell mit einem aktuellen Bezug.

3 Erfinden Sie einen guten Spruch oder Reim auf Ihren Namen. Aber Vorsicht: Ihre Einfälle sollten gesellschaftsfähig, nicht zu beliebig und schon gar nicht albern sein.

Lösung

Ihre Lösung sollte nicht nur originell sein, sondern auch Ihrem Geschmack entsprechen, sonst können Sie sie nicht überzeugend vorbringen. Hier einige Vorschläge:

1 Prominente/r Namensvetter/in: „Was Zwieback, einen Ex-Bundeskanzler und mich verbindet, ist immerhin der Name: Brandt." Oder: „Peter Walland – wie der berühmte schwedische Kommissar, nur ohne *–er* hinten."

2 Eselsbrücke: „Grünstoidl – bayrisch die ‚grüne Staude'."

3 Spruch: „Mein Name ist Brandt – aber bitte denken Sie jetzt nicht an trockenen Zwieback, besser an trockenen Wein. Den mag ich lieber." – „Theo Kornwall – Ihr Rechtsberater für jeden Fall."

Praxistipps

▪ Besonders für Ihr Networking ist wichtig, dass sich andere Ihren Namen merken können. Seinen eigenen Namen öfter ins Gespräch zu bringen, ist jedoch in vielen Situationen schwierig. Und es ist auch nicht auf jeder Veranstaltung üblich, seine Visitenkarte zu überreichen. Hier hilft die „Ankerlösung".

▪ Manche Menschen stellen sich immer mit derselben, belanglosen Anmerkung vor, etwa: „Rasch, wie schnell". Es ist unangenehm, diesen Spruch auf einer Party oder einem Geschäftsempfang zwanzig Mal zu hören. Passen Sie also auf, dass Ihr Anker oder Ihre Eselsbrücke nicht zu abgedroschen klingt, sonst ist sie wirkungslos.

Richtig umgehen mit Peinlichkeiten

Bei Pannen richtig reagieren

Übung 34

🕐 **57 min**

Pannen, Behinderungen und peinlichen Momente können immer vorkommen. Was sagen Sie, um die folgenden Situationen aufzulockern?

1 Geschäftsessen. Der Kellner stößt aus Versehen ein Glas Orangensaft um; ein paar Spritzer treffen Sie.

2 Sie sitzen spätabends mit einem Kollegen/mit Ihrem Chef im Zug und unterhalten sich. Es war ein anstrengender Tag und Sie plaudern über Ihre Wochenendpläne. Da kommt eine Durchsage, dass Ihr Anschlusszug in Stuttgart nicht mehr erreicht wird. Der nächste fährt erst eineinhalb Stunden später.

3 Im Vortragssaal. Das Licht geht aus, dann geht es wieder an. Das wiederholt sich ständig. Im Saal erhebt sich grummelndes Gemurmel.

4 Bei Tisch. Jemand tritt Ihnen wiederholt gegen das Schienbein, nicht besonders fest, aber so, dass Sie es spüren. Endlich merkt Ihr Gegenüber, dass es Ihr Bein ist. Er wird rot und entschuldigt sich vielmals.

Lösungstipps

Sorgen Sie für Entspannung, indem Sie etwas Positives oder Aufmunterndes äußern. Über kleine Pannen gehen Sie hinweg und bringen eventuell ein neues Thema auf.

Lösung

1 „Wollen wir jetzt nicht mal ein Gläschen Sekt auf unseren
   Geschäftserfolg trinken?"

2 „Das ist natürlich nicht so schön. Aber vielleicht fällt uns
   ja noch etwas ein, wie wir diese Zeit sinnvoll überbrücken
   können. Was meinen Sie?"

3 „Die Veranstalter wollen wohl sichergehen, dass wir alle
   hellwach sind."

4 Sie nehmen die Entschuldigung an und sagen: „Nicht so
   tragisch. Als alter Fußballer bin ich hart im Nehmen."

Praxistipps

- Zeigen Sie, dass Sie auch in schwierigen Situationen souverän bleiben. Schimpfen Sie nicht, lamentieren Sie nicht.
  Wälzen Sie die Sache nicht unnötig aus.

- Lassen Sie sich keinesfalls durch die Reaktionen anderer
  aus dem Gleichgewicht bringen.

- Wenn Sie selbst für die Peinlichkeit verantwortlich sind:
  Blicken Sie die anderen an, präsentieren Sie eine Lösung
  oder stellen Sie einen positiven Ausgang in Ausblick.

- Wenn Sie sich über schlechten Service etc. beschweren
  wollen, richten Sie Ihre Beschwerde direkt an die Verant-
  wortlichen – diskret und in höflichem Ton.

Reagieren Sie stets der Situation angemessen: Wenn Mitgefühl verlangt
ist, verkneifen Sie sich „witzige" Bemerkungen. Passt Ironie, betonen Sie
den komischen Charakter der Situation, ohne jemanden zu verletzen.

Vielredner loswerden   Übung 35
🕐 **7 min**

Vielredner können unangenehm sein. Wie könnten Sie in den folgenden Situationen das Gespräch beenden?

1   Sie sind auf einer Veranstaltung, die Ihnen gute Kontakte ermöglichen soll. Es sind noch nicht viele Gäste da. Da kommt eine unbekannte Person auf Sie zu, stellt sich vor und fängt ein Gespräch mit Ihnen an. Allmählich beschleicht Sie das Gefühl, dass hier jemand nur seine uninteressanten Geschichten loswerden will.

2   Sie sind auf einer Party und schon seit 10 Minuten dabei, sich von einem recht mitteilsamen Pärchen zu verabschieden. Beide merken nicht, dass Sie furchtbar müde sind und gehen wollen.

3   Projektfeier. Ein junger Projektleiter erzählt im Detail, wie er seine Projekte organisiert. Sie haben noch anderes vor. Der junge Mann spricht gerade von „Pflichtenheft".

4   Am Buffet der Oper: Jemand verwickelt Sie unversehens in ein anstrengendes Gespräch über Wagners Harmonien.

Lösungstipps

- Steuern Sie zielstrebig auf eine Beendigung zu. Beginnen Sie zum Beispiel mit: „Es tut mir Leid, dass ich Sie unterbrechen muss, aber ..."

- Warten Sie auf ein passendes Stichwort, das Ihnen einen eleganten Übergang zu einem Closing (Seite 203) bietet. Im Notfall erfinden Sie eine (gute) Ausrede.

Lösung

1. „Oh, dahinten sehe ich einen Bekannten! Ich muss zumindest ein paar Worte mit ihm wechseln, sonst ist er beleidigt. Es war nett, mit Ihnen zu reden. Schönen Abend noch." Oder: „Eine interessante Geschichte. Jetzt muss ich mich verabschieden. Sicher sehen wir uns später noch."

2. „Entschuldigt, aber ich muss jetzt wirklich ins Bett. Morgen muss ich verdammt früh raus." Oder: „Ihr kennt den Spruch: Wenn es am schönsten ist, soll man aufhören."

3. „Entschuldigen Sie, dass ich Sie unterbreche, aber bei Pflichtenheft fällt mir was ein. Ich muss noch ein Muster verschicken. Das erledige ich gleich, denn die Post geht in zehn Minuten raus." Oder: „Die Vorgehensweise ist interessant ... aber können wir das Gespräch ein andermal fortsetzen? Ich muss mich mal etwas um X kümmern."

4. „Ihre Ansichten finde ich hochinteressant. Ich werde darüber nachdenken. Jetzt muss ich mich leider verabschieden. Auf Wiedersehen, und noch viel Spaß!"

Praxistipps

Je unempfindlicher Ihr Gesprächspartner auf Ihre Ausstiegsversuche reagiert, desto deutlicher dürfen Sie werden. Seien Sie charmant im Ton, aber gnadenlos in der Verwirklichung Ihrer Zielsetzung. Sehen Sie Ihrem Gegenüber direkt in die Augen, schlagen Sie einen sehr bestimmten Tonfall an, nehmen Sie eine aufrechte Haltung ein. Lächeln Sie freundlich, geben Sie zum Abschied die Hand. Das kann niemand missverstehen.

Wenn das Fair Play verletzt wird

Klatschen, aber milde   **Übung 36**
🕐 **6 min**

Klatsch ist im Small Talk erlaubt. Doch sollte kein Small Talk auf Kosten anderer gehen, schon gar nicht, wenn die Person anwesend ist. Und auf menschlichen Schwächen sollte man nicht herumreiten. Versuchen Sie, folgende Bemerkungen abzuschwächen, so dass die Kritik wohlwollend klingt.

1   „Herr Wimmer ist vielleicht eine lahme Schnecke. Bis der mal in die Pötte kommt mit seinen Berichten!"

2   „O Gott, die Frau Kegel ist auch da. War die nicht neulich auf der Abschiedsfeier vom Vorstand sternhagelvoll?"

3   „Also wie der Hansen was verkaufen kann ist mir schleierhaft – mit seinen fettigen Haaren und den uralten Hemden!"

4   „Dieses neue Lehrmädchen aus der Werbung hat ja gar keine Hemmungen. Hosen und T-Shirts sind immer viel zu eng. T-Shirt kann man das Stückchen Stoff eigentlich gar nicht nennen."

5   „Die Müller ist eine Schnecke. Wenn ich die mal frage, ob sie mir was raussucht, dann dauert das Tage. Völlig unfähige Mitarbeiterin!"

6   „Herr Wörnig ist ganz schön fett geworden!"

Lösungstipp
Ironie ist eine gute Alternative zu bösen Bemerkungen.

Lösung

1 „Herr Wimmer ist sehr sorgfältig. Geben Sie ihm heute Ihre Zahlen, und schon nächstes Jahr bekommen Sie einen Bericht."

2 „Frau Kegel hat bei der Abschiedsfeier vom Vorstand etwas zu tief ins Glas geschaut. Aber wer will ihr das verdenken? Wir alle weinen doch Herrn Schurig nach."

3 „Herr Hansen könnte sicher noch besser verkaufen, wenn er sich etwas eleganter anziehen würde. Sollen wir ihn mal dezent auf das Knigge-Seminar hinweisen?"

4 „Bei unserem Lehrmädchen ist immer Hochsommer, um es mal vorsichtig auszudrücken."

5 „Das ist das Schöne bei Frau Müller. Sie lässt sich von unserer Hektik nicht anstecken."

6 „Herr Wörnig ist nach wie vor kein Kostverächter; das kann man sehen."

Praxistipps

In einer Gruppe sind alle Mitglieder für die Gruppenkultur verantwortlich. Sorgen Sie dafür, dass jeder seine Würde behält. Kontern Sie, wenn sich jemand über andere erhebt. Schreiten Sie ein, wenn jemand diskriminierende Witze erzählt oder sich unflätig benimmt. Oft lässt sich eine Situation schon retten, wenn Sie über die dumme Bemerkung hinweggehen und mit einem anderen Thema starten. Hilft das nicht, weisen Sie freundlich darauf hin, dass sich die Runde nicht auf dieses Niveau begeben möchte und verletzende Äußerungen nicht erwünscht sind.

Schlagfertig reagieren

Übung 37
🕐 **5 min**

Stellen Sie sich vor, Sie stehen in einer Runde und folgende Äußerungen fallen. Wie könnten Sie schlagfertig reagieren? Diese Übung können Sie auch mit einem Partner machen.

1 „Was für ein mieser Service. Hier wartet man ja ewig auf sein Essen."

2 „Ach, Sie sind auch da? Haben Sie sich von dem gescheiterten Projekt schon erholt?"

3 „Was Sie da sagen, ist ja blanker Unsinn."

4 „Nun kommen Sie mal auf den Punkt. Sonst stehen wir morgen noch da."

5 „Was hat denn die da Grässliches an? Die sieht ja aus wie eine Vogelscheuche!"

Lösungstipps

Es gibt viele Strategien, unfaire Angriffe (ob sie gegen einen selbst oder gegen andere gerichtet sind) auszubremsen, z. B.:

- Kontern Sie witzig oder ironisch.
- Deuten Sie den Inhalt des Angriffs positiv um.
- Schießen Sie mit gleicher Munition zurück.
- Verwirren Sie den Gegner durch eine absurde Antwort.
- Steigen Sie aus der Konfrontation aus, indem Sie den Angriff auf einen sachlichen Kern reduzieren.
- Weisen Sie den unfairen Gesprächsstil zurück.

Lösung

1 „Was für ein mieser Service. Hier wartet man ja ewig auf sein Essen." **Reaktion:** „Was lange währt, wird endlich gut. Jetzt warten Sie doch erst einmal ab, sonst bereuen Sie am Ende noch, dass Sie keine Geduld hatten." (Ironie)

2 „Ach, Sie sind auch da? Haben Sie sich von dem gescheiterten Projekt schon erholt?" **Reaktion:** „Gescheitert ist relativ. Wenn Sie mit im Boot gesessen wären, wäre die ganze Flotte gesunken." (Konter mit gleichen Mitteln)

3 „Was Sie da sagen, ist ja blanker Unsinn." **Reaktion:** „Wer im Unsinn keinen Sinn zu erkennen vermag, der war nie Kind, sagte schon ..." (und dann nennen Sie den Namen Ihres Großvaters). Fragt ihr Gegenüber, wer denn ... sei, antworten Sie: „Kennen Sie den großen Philosophen nicht?" (Positive Deutung, Verwirrungstaktik)

4 „Nun kommen Sie mal auf den Punkt. Sonst stehen wir morgen noch da." **Reaktion:** „Ich hatte den Eindruck, dass es noch nicht jedem klar war." (Versachlichung)

5 „Was hat denn die da Grässliches an? Die sieht ja aus wie eine Vogelscheuche!" **Reaktion:** „Lästern Sie doch nicht so viel. Jeder zieht mal was Falsches aus der Schublade." (Zurückweisung des unfairen Gesprächsstils)

Praxistipps

Es kommt nicht darauf an, besonders witzig zu sein. Wichtig ist, dass Sie überhaupt etwas sagen. Mehr zum Thema bietet Ihnen der TaschenGuide „Schlagfertigkeit Trainer".

Mit dem Profi-Training zum Erfolg

Endspurt mit dem Abschlusstraining! Werden Sie zum versierten Small Talker, indem Sie

- ein Bewusstsein für die Körpersprache der anderen und für Ihre eigene bekommen (S. 221),
- mit mehr Atem Ihre Stimme stützen, die Artikulation und Modulation verbessern (S. 229),
- und Ihre Wortwahl, Rhetorik und Erzählkunst verfeinern (S. 233).

Darum geht es in der Praxis

Als Smalltalker müssen Sie sicher auf dem gesellschaftlichen Parkett sein. Schon bevor Sie etwas sagen, werden Sie von den anderen eingeschätzt – durch Ihr Auftreten und Ihr äußeres Erscheinungsbild. Dabei spielt eine entscheidende Rolle, was Sie anderen durch Ihre Körpersprache signalisieren. In diesem Abschnitt lernen Sie, die richtige Haltung einzunehmen, den Abstand zum Gegenüber zu wahren, aber auch Gestik und Mimik besser zu deuten und bewusster einzusetzen.

Als nächstes wollen wir uns Ihrer Stimme widmen. Sie ist Ausdruck unserer Persönlichkeit und unseres Befindens. Wo immer wir sprechen, ob am Telefon oder am Rednerpult – an der Stimme lässt sich ablesen, ob wir uns schwach oder stark, sicher oder unsicher fühlen. Wer umgekehrt eine schön klingende Stimme hat, wirkt sympathisch und überzeugend. Und man hört dem gerne zu, der deutlich und klar spricht. Daher sollten Sie Ihren Atem, der die Stimme unterstützt, und Artikulation und Modulation trainieren.

Wer dann noch auf einen guten Sprachstil und einen lebendigen Ausdruck achtet, ist von der hohen Kunst der guten Konversation nicht mehr weit entfernt. Mit unseren Übungen zur Rhetorik und Ausdrucksvielfalt lernen Sie, lebendig und überzeugend zu sprechen. Zum Schluss üben Sie noch, andere mit Geschichten zu unterhalten, um im Abschlusstraining Ihr gesamtes Wissen über den Small Talk noch einmal zur Anwendung zu bringen. Viel Erfolg!

Körpersprache gekonnt einsetzen

Gesten deuten

Übung 38
🕐 **5 min**

Stellen Sie sich vor, Sie sind auf einer Konferenz eingeladen. In einer Viertelstunde geht es los. Da entdecken Sie von weitem einen Bekannten, der sich gerade mit einer Ihnen unbekannten Person unterhält. Sie blicken sich weiter um und sehen nach einer Weile wieder zu den beiden hin. Jetzt spricht gerade die andere Person.

Vorausgesetzt, Sie würden sich gerne mit Ihrem Bekannten unterhalten, wie schätzen Sie die folgenden Situationen ein, und auf welches Signal würden Sie wie reagieren?

1 Ihr Bekannter sieht zufällig zu Ihnen herüber, lächelt fast unmerklich und nickt Ihnen kurz zu. Dann wendet er seinen Blick wieder ab.

2 Ihr Bekannter sieht Sie nicht. Er nickt beim Zuhören immer wieder mit dem Kopf, wobei er seinen Gesprächspartner ansieht. Redet er selbst, gestikuliert er stark.

3 Ihr Bekannter sieht Sie, schaut wiederholt in Ihre Richtung und hebt, vom Gesprächspartner unbemerkt, leicht die Arme und Schultern. Dazu macht er ein etwas verzerrtes Gesicht.

4 Ihr Bekannter sagt etwas zu seinem Gegenüber, nickt mit dem Kopf leicht in Ihre Richtung und hebt die Hand.

Lösung

Es wäre unrealistisch, einen Katalog von Körpersignalen zu erstellen und diese eindeutig zu interpretieren. Denn Körpersignale wirken stets im situativen Zusammenhang. Allerdings gibt es einige typische Verhaltensmuster, die sich relativ leicht interpretieren lassen.

1 Ihr Bekannter hat Sie zwar registriert, widmet sich dann aber weiter seinem Gespräch. Wahrscheinlich würden Sie ihn jetzt nicht stören.

2 Ihr Bekannter ist gefesselt von seinem Gespräch. Nun ist ganz sicher kein guter Zeitpunkt, um dazu zu stoßen.

3 Hier sieht die Sache anders aus – vielleicht will er von Ihnen erlöst werden? Oder er entschuldigt sich dafür, dass er jetzt nicht zu Ihnen kann.

4 Eine Einladung, dass Sie dazustoßen können.

Praxistipps

Merken Sie sich sechs einfache Körpersprache-Regeln für den Small Talk – mit der „Hablas"-Formel:

- **H**altung: Eine souveräne Ausstrahlung spiegelt sich in einer aufrechten, unverkrampften Haltung, sowohl im Stehen, Gehen wie auch im Sitzen.

- **A**bstand: Abstand und Körperzuwendung signalisieren anderen gegenüber Respekt, Kontaktbereitschaft bzw. Bereitschaft zu Nähe, aber auch, wie weit wir andere einbeziehen wollen.

- **B**lick: Häufiger Blickkontakt zeigt, dass Sie die nötige Offenheit und Aufmerksamkeit für Ihre(n) Gesprächspartner mitbringen.

- **L**ebendigkeit: Wenn Ihre Worte durch eine lebendige Gestik und Mimik unterstrichen werden, können Sie andere fesseln und überzeugen.

- **A**nteilnahme: In Ihrer Mimik und Gestik signalisieren Sie Ihrem Gesprächspartner Anteilnahme und Zuwendung.

- **S**ignale verstehen: Wenn Sie die nonverbalen Signale anderer richtig deuten, kommt es zu weniger Missverständnissen.

Bitte mehr Abstand!   Übung 39
                                 🕐 5 min

Stellen Sie sich vor, Sie sind auf einer Feier. Ein Fremder verwickelt Sie in ein Gespräch. Und dabei kommt er Ihnen immer näher, mehr als Ihnen lieb ist. Sie weichen etwas zurück, doch er macht wieder einen Schritt auf Sie zu. Spielen Sie diese Situation mit einem Partner durch, der den „Aufdringlichen" spielt. Wie können Sie ihn stoppen? Was passiert, wenn Sie nichts tun?

Lösungstipps

Denken Sie sich ein paar Tricks aus. Setzen Sie vor allem Ihre Körpersprache ein. Welche Haltung, welche Gestik und Mimik setzen Sie ein, um sich gegen den Übergriff „in Ihr Revier" zu verteidigen?

Lösung

Aufdringlichkeit, ob beabsichtigt oder unbeabsichtigt, dürfen Sie abwehren. Wichtig in so einer Situation ist jedoch, dem anderen auch klare Signale zu geben, dass er zu weit geht, und dabei souverän zu bleiben. Tun Sie nichts, glaubt der andere, dass Sie nichts gegen größere Nähe haben.

Verteidigen Sie also den Freiraum, den Sie brauchen! Blicken Sie dem anderen gerade in die Augen. Verschränken Sie die Arme vor der Brust. Heben Sie den Kopf etwas. Sie können sogar eine leicht drohende Haltung einnehmen. Oder schaffen Sie sich buchstäblich Platz mit Hilfe Ihrer Gliedmaßen: Recken Sie die Arme zur Seite und/oder nach vorne, als ob Sie verspannt wären und sich strecken wollten. Dabei gehen Ihre Ellenbogen Richtung Partner. Dazu könnten Sie auch etwas sagen wie: „Ah, hier ist es eng, ich brauche etwas Luft." Das ist zwar nicht die höflichste Variante, aber deutlich. Wenn auch das nichts hilft und die Situation zu peinlich wird, reden Sie Klartext: „Ich verstehe Sie akustisch sehr gut, Sie müssen gar nicht so nahe rankommen."

Praxistipps

Körperliche Distanz ist eine Sache der persönlichen Nähe. In der Regel tarieren wir den richtigen Abstand je nach Situation aufgrund unserer Erfahrungen intuitiv aus: Im Small Talk sollten Sie einen Abstand von ca. einer Armlänge wahren. Weniger gilt als zu intim und ist zum Beispiel im Geschäftsleben nicht angebracht. Zu viel Abstand sollten Sie aber auch nicht entstehen lassen, sonst wirken Sie distanziert.

Pantomime

Übung 40
🕐 **10 min**

In dieser Partnerübung sollen Sie ein Bewusstsein dafür bekommen, wie Sie durch Gestik und Mimik Ihre Beteiligung am Gespräch signalisieren, das Gesagte unterstreichen und Ihre Gesprächsbeiträge lebendiger gestalten können.

Sie sollen Ihrem Partner etwas pantomimisch vorführen, das er dann zu deuten versucht. Überlegen Sie zuerst, was Sie darstellen wollen. Stellen Sie sich dann voreinander hin. Beginnen Sie mit Ihrer Vorführung. Wenn Sie fertig sind, versucht Ihr Partner in Worten nachzuerzählen, was er verstanden hat. Liegt er daneben, wiederholen Sie Ihre Vorführung und versuchen Sie, eindeutiger zu werden.

Varianten: Sie spielen Ihrem Partner Emotionen vor, die er erraten muss. Anschließend tauschen Sie die Rollen. Oder Sie imitieren abwechselnd Typen, die der errät. Überzeichnen Sie dabei die Figuren. Vorschläge: der/die Romantische, der gewiefte Verkäufer (und ein gutgläubiger Kunde); der agile Politiker, der smarte Manager, der coole Typ aus der In-Bar, der in seinen Körper verliebte Sportler.

Wenn Sie Gelegenheit haben, die Übungen mit einer Videokamera aufzuzeichnen, sollten Sie dies unbedingt tun.

Lösung

Eine Lösung gibt es hier nicht. Dafür ein Vorschlag für eine Geschichte, die Sie pantomimisch nacherzählen können: Sie fahren mit dem Auto zum Einkaufen in einen großen Supermarkt. Sie haben einen langen Einkaufszettel dabei. Als Sie an der Kasse stehen und alle Waren schon auf dem Band liegen, stellen Sie mit Schrecken fest, dass Sie Ihr Geld vergessen haben. Auch die EC-Karte liegt zu Hause. Hinter Ihnen hat sich schon eine lange Schlange murrender Kunden gebildet. Sie entschuldigen sich, laden alle Waren wieder in den Einkaufswagen und hasten los, um schnell Ihr Geld zu holen. Auf der Rückfahrt geraten Sie in einen Stau. Die Zeit wird knapp. Gerade als Sie am Supermarkt ankommen, werden die Türen geschlossen. Da erkennt Sie die Kassiererin hinter der Glastüre und macht Ihnen auf – gerettet!

Praxistipps

Zeigen Sie im Small Talk, dass Sie den anderen Beteiligten Interesse entgegenbringen, aufmerksam zuhören und sich ins Gespräch voll einbringen. Körpersprachliche Signale für eine solche aktive Beteiligung können sein: regelmäßiger Blickkontakt, offener und konzentrierter Blick, Ausdruck des Mitfühlens im Mienenspiel, Kopfnicken oder Kopfschütteln (an passender Stelle), unterstreichende Gesten etc.

> Stellen Sie folgende Signale fest, hört Ihnen Ihr Gegenüber womöglich nicht mehr zu: längerer starrer Blick ins Leere, wenig Blickkontakt, eingefrorene Mimik, mechanisches Nicken an falschen Stellen, Gähnen.

Der aufrechte Stand   Übung 41
🕐 5 min

Wer eine souveräne Ausstrahlung hat, nimmt andere leichter
für sich ein. Souveränität spiegelt sich unter anderen auch in
einer aufrechten, unverkrampften Haltung. Daher sollen Sie
jetzt ein Bewusstsein für eine gute (und gesunde) Körperhaltung erlernen. Als Erstes trainieren wir die Aufrichtung. Achten Sie öfter darauf, wie Sie stehen, und wenden Sie die
Übung direkt im Alltag an!

Stellen Sie sich seitlich vor einen Ganzkörperspiegel. Nehmen
Sie eine lässige Haltung ein. Dann richten Sie sich ganz be-
wusst von unten nach oben auf, Körperteil für Körperteil.
Was machen Sie bei dieser Bewegung mit:

- den Füßen, den Beinen, den Knien?
- Ihrem Gewicht und dem Becken?
- dem Rücken und dem Brustkorb?
- Ihren Schultern und Armen und Ihrem Kopf?

Lösungstipps

Werden Sie nicht steif! Achten Sie darauf, dass Ihr Atem in
dieser Haltung gut fließen kann. Legen Sie eine Hand neben
das Steißbein; sie müsste bei der Aufrichtung das Gesäß
leicht nach vorne schieben. Legen Sie die andere Hand auf
Ihr Brustbein. Sie müsste bei der Aufrichtung eine leichte
Bewegung schräg nach oben machen.

Lösung

- Die Füße stehen möglichst parallel nebeneinander, maximal auf Hüftbreite. Sie sollten sowohl auf den Fersen wie auch auf den Ballen und Zehenballen stehen. In den Knien geben Sie leicht nach – die Beine dürfen also nicht durchgedrückt, aber auch keines abgeknickt sein.

- Ihr Gewicht verteilen Sie im aufrechten Stand auf beide Beine und Füße. Das Becken schieben Sie leicht nach vorne. Lassen Sie Ihr Gesäß dazu etwas nach unten sinken, als ob Sie sich auf einen hohen Hocker setzen wollten.

- Bei dieser Bewegung müsste sich Ihre Wirbelsäule strecken. Das Brustbein richten Sie nun auf; drücken Sie dabei aber weder die Brust heraus noch das Kreuz durch.

- Nun müssten die Schultern automatisch nach unten sinken und ein Stück zurückgehen. Die Arme lassen Sie am besten locker herabhängen, nicht an den Körper pressen, die Ellbogen sind eher leicht ausgestellt.

- Die ideale Stellung erreichen Sie, indem Sie das Kinn etwas gegen die Brust ziehen. Stellen Sie sich dann vor, an Ihrem Scheitel auf der Kopfmitte sei ein Faden angebracht, der Sie wie eine Marionette nach oben zieht. Dabei streckt sich die obere Wirbelsäule.

Praxistipps

Besonders als „Vielsitzer" sollten Sie Ausgleichssport treiben, v. a. etwas für Ihre Rumpfmuskulatur tun. Denn mit verkümmerter Rücken- und Bauchmuskulatur fällt es schwer, länger eine aufrechte Haltung einzunehmen.

So klingt Ihre Stimme gut

Besser atmen   Übung 42
🕐 **5 min**

Mit der folgenden kleinen Übungssequenz entspannen Sie Ihren Stimmapparat – die beteiligte Muskulatur und die Artikulationsorgane, bevor Sie eine Übung für einen tieferen Atem machen.

Stellen Sie sich aufrecht hin. Lassen Sie alles locker hängen, auch den Unterkiefer. Beginnen Sie dann, in den Knien leicht zu wippen. Atmen Sie durch die Nase ein und durch den Mund aus. Nach einiger Zeit singen Sie auf die Ausatmung ein langes „aaaaah" oder „oooooh"; entweder auf einen Ton, der Ihnen angenehm ist, oder in einem Glissando von oben herab (wie ein gesungenes Seufzen). Wippen Sie so ein paar Minuten und achten Sie immer wieder darauf, dass Kiefer- und Halsmuskulatur völlig locker sind. Richtig machen Sie es, wenn der Kiefer regelrecht herabhängt. Wenn Sie während der Übung gähnen müssen, ist dies ein gutes Zeichen – Sie entspannen sich wirklich!

Stellen Sie sich dann aufrecht und locker hin. Atmen Sie durch die Nase ein, und danach möglichst lange auf einem „fff", „sss" oder „schschsch" aus. Sie können zur Unterstützung Ihre Arme einsetzen. Heben Sie sie beim Einatmen gestreckt seitwärts nach oben, bis sich die Handrücken über Ihrem Kopf berühren. Beim Ausatmen lassen Sie sie wieder sinken. Passen Sie diese Bewegung Ihrem Atemrhythmus an.

Lösung

Eine Lösung gibt es hier und bei den nächsten beiden Übungen nicht. Hier jedoch einige Hinweise, warum eine gute Atmung für Ihre Stimme so wichtig ist.

Praxistipps

- Gesund sind Bauch- und Flankenatmung. Hierbei senkt sich das Zwerchfellmuskel nach unten und schafft so in der Lunge Platz. Beim Ein- und Ausatmen hebt und senkt sich die Bauchdecke. Statt dieser Bauchatmung praktizieren aber viele die Hochatmung, bei der vor allem in die obere Brust geatmet wird. Man hebt dabei die Schultern, wodurch aber nicht mehr Luft in die Lunge fließt, da die Bauchdecke gespannt ist und sich das Zwerchfell gegen die Lunge drückt. Dadurch kann sich der Brustkorb nicht genügend ausdehnen.

- Achten Sie das nächste Mal auf Ihre Atmung, wenn Sie etwas erzählen. Müssen Sie öfter nach Luft schnappen, haben Sie schnell einen Frosch im Hals, müssen Sie sich oft räuspern, werden Sie leicht heiser? Dann sollten Sie mehr für Ihre Atmung tun, etwa die Übung oben täglich mehrmals machen. Denn wer richtig atmet, spricht auch unangestrengter. Ein fließender ruhiger Atem wirkt sich außerdem positiv auf die Psyche aus!

Deutlicher sprechen

Übung 43
⏱ 5 min

Die folgende Übung hilft Ihnen, die Artikulation zu verbessern.

Holen Sie sich einen Naturkorken und suchen Sie sich einen kurzen Text, zum Beispiel eine Zeitungsmeldung. Lesen Sie den Text einmal laut vor. Stecken Sie dann den Korken zwischen die Zähne, und zwar so, dass er nur wenig in den Mund hineinragt. Halten Sie den Korken nur locker fest, der Kiefer bleibt dabei möglichst entspannt. Lesen Sie nun den Text einige Male laut vor, ohne den Korken fallen zu lassen. Versuchen Sie die Worte trotzdem möglichst deutlich auszusprechen. Wird Ihr Kiefer fest, nehmen Sie den Korken wieder aus dem Mund, lockern die Kieferpartie und versuchen es nach einer kurzen Pause noch einmal. Zum Abschluss lesen Sie den Text dann noch einmal ohne Korken.

Praxistipps

- Ob man jemandem gerne zuhört, hängt nicht nur von der Stimme selbst ab, sondern auch davon ab, ob die Aussprache deutlich ist und der Sprecher mit seiner Stimme umgehen kann (modulieren).

- Tonfall und Inhalt sollten zusammenpassen; Ihre Stimme sollte Ihre Emotionen widerspiegeln (s. nächste Übung).

- Achten Sie außerdem auf das Sprechtempo. Sprechen Sie nicht zu schnell, aber auch nicht schleppend.

Betont und gefühlvoll sprechen

Übung 44
🕐 **10 min**

Sie brauchen einen Minidisk oder Kassettenrekorder. Suchen Sie sich einen kurzen literarischen Text oder ein Gedicht. Bevor Sie diesen Text vortragen, tragen Sie einen banalen Satz in verschiedenen Varianten vor. Dabei versuchen Sie, verschiedene Emotionen in das Gesagte zu legen. Versetzen Sie sich vorher in eine Situation, die das geforderte Gefühl auslöst (Vorschläge in Klammern). Verändern Sie den Wortlaut des Satzes nicht! Starten Sie nun die Aufnahme und sprechen Sie den Satz „Ich gebe Ihnen auf dieses Produkt einen Rabatt von fünfzehn Prozent"

1 begeistert (der Kunde findet Ihr Produkt fantastisch)

2 enttäuscht (Ihr Angebot interessiert die meisten Kunden nicht)

3 gleichgültig (Sie haben einen langweiligen Job, der Sie nicht interessiert)

4 entrüstet (der Kunde setzt Sie aufs Unverschämteste unter Druck)

Lassen Sie sich genug Zeit für jeden Gefühlsausdruck. Wiederholen Sie einzelne Versionen so lange, bis Sie glauben, die geforderten Gefühle überzeugend dargestellt zu haben.

Dann tragen Sie Ihren Text oder das Gedicht möglichst lebendig und gefühlvoll vor. Hören Sie das Ergebnis anschließend ab und überlegen Sie, was sich noch verbessern lässt.

Andere in den Bann ziehen

Sprachmarotten aufspüren   Übung 45
🕐 30 min

Sie brauchen für diese Übung einen Minidisk, einen Kassettenrecorder oder ein sonstiges Aufnahmegerät.

Nehmen Sie zu Hause ein Gespräch in lockerer Runde auf, zum Beispiel, wenn Sie Freunde zum Abendessen eingeladen haben. Fragen Sie vorher die Beteiligten um Erlaubnis. Hören Sie am nächsten Tag die Aufnahme ab. Achten Sie bewusst darauf, ob Sie bestimmte Wendungen, Wörter, Einleitungen, Kommentare besonders oft benutzen. Des Weiteren können Sie auf folgende Punke achten:

1 Satzbau,

2 allgemeine Wortwahl und Ausdruck,

3 Redegeschwindigkeit,

4 Artikulation,

5 Lautstärke,

6 Lage der Stimme,

7 Modulationen.

Überprüfen können Sie Ihr Ergebnis, indem Sie eine befreundete Person danach fragen, ob ihr bei Ihnen schon einmal (schlechte) Sprachgewohnheiten aufgefallen sind.

Lösung

Bestimmte Sprachmarotten sollten Sie im Small Talk meiden.
Dazu zählen:

- Formulierungsschwierigkeiten: Sie benutzen häufig „äh"
  oder „ähm", bringen Sätze nicht zu Ende, legen zu lange
  Sprechpausen ein oder verhaspeln sich oft.

- inflationärer Gebrauch von Füllwörtern oder Phrasen (z. B
  „irgendwie", „nicht wahr?")

- undeutliches Sprechen: Sie sprechen zu leise, zu schnell
  oder artikulieren undeutlich.

- unangemessener Stil/Gruppensprache: Sie benutzen gerne
  Fremdwörter. Sie reden wie ein Politiker – in komplizier-
  ten, langen Sätzen. Sie sprechen starken Dialekt oder Ju-
  gendsprache etc. – ganz egal, wer vor Ihnen steht.

Praxistipps

Als angehender Small-Talk-Profi sollten Sie beginnen, mehr
auf sprachlichen Feinheiten zu achten. Dabei immer noch
natürlich zu bleiben, ist natürlich nicht so einfach. Einige
Tipps zum Üben: Beginnen Sie an den Punkten zu feilen, die
Sie selbst stören. Achten Sie z. B. darauf, „Lieblingswörter" zu
reduzieren. Üben Sie möglichst oft, frei zu sprechen. Nehmen
Sie Gelegenheiten zu Vorträgen wahr. Wo immer Sie etwas
sagen: Konzentrieren Sie sich auf das, was Sie sagen wollen –
hat der Inhalt Hand und Fuß, stimmen auch meist Ausdruck
und Auftritt.

Assoziationsketten bilden   Übung 46
                                            🕐 5 min

Diese Übung soll Ihre Phantasie anregen und Ihnen helfen, Ihre Ausdrucksvarianz (Wortwahl, Stilmittel) zu verbessern.

Finden Sie für jeden der folgenden Begriffe zwei Synonyme und zwei Gegenbegriffe. Sie haben jeweils 10 Sekunden Zeit!

1 dunkel

2 schnell

3 ehrlich

4 Anweisung

5 Bürokrat

6 Führungsposition

Jetzt geht es um Assoziationen. Welche Begriffe fallen Ihnen zu folgenden drei Ausdrücken ein? Schreiben Sie möglichst viele Wörter auf. Sie haben jeweils 30 Sekunden Zeit:

■ Marktführer

■ Bewerbung

■ Stillstand

Lösungstipps

Der Gegenbegriff muss nicht immer ein direktes Gegenteil sein, das gibt es manchmal gar nicht. Suchen Sie nach dem Gegenstück. Bildungen mit un- sind nicht erlaubt!

Lösung

Hier einige Vorschläge, vielleicht haben Sie auch andere Entsprechungen und Gegenbegriffe gefunden:

1 dunkel: finster, düster / hell, blass

2 schnell: rasch, hurtig / langsam, lahm

3 ehrlich: aufrichtig, lauter / lügnerisch, falsch

4 Anweisung: Anordnung, Befehl / Vorschlag, Ausführung

5 Bürokrat: Paragraphenreiter, Spießer / Reformer, Revoluzzer

6 Führungsposition: erste Stelle, obere Etage / Hilfsjob, unterster Rang

Was Sie mit „Marktführer" verbinden, ist mit Sicherheit recht individuell. Vielleicht fiel Ihnen als erstes ein konkretes Unternehmen ein? Ihre Assoziationen können Sie aber auch einmal weit weg führen vom Ursprungsbegriff (wie wir an Bewerbung zeigen):

- Marktführer: Marke, Bekanntheitsgrad, Erfolg, Stärke, großer Konzern, Konkurrenz, Nase vorn, attraktiver Arbeitgeber, Technologieführer, Global Player, Marktdurchdringung, Vormachtstellung, Fernsehwerbung u. a. m.

- Bewerbung: Karriere, Stellensuche, Bewerbungsschreiben, Konkurrenten, Zeugnisse, Vorstellungsgespräch, in die Mangel nehmen, Nervosität, Angst, Glück, Erfolg.

- Stillstand: keine Entwicklung, Reformstau, Nichtstun, warten, Sättigung, Langeweile, Unzufriedenheit.

Passende Vergleiche finden

Übung 47
🕐 **5 min**

Mit Stilmitteln gestalten Sie Ihre Sprache anschaulicher. Wichtige rhetorische Kniffe sind der Vergleich und die Metapher. Beide wollen wir in den folgenden Übungen trainieren.

Finden Sie einprägsame Vergleiche für folgende Begriffe bzw. Sachverhalte:

1 ein Unternehmen

2 die Beziehung zwischen einem Unternehmen und einem zuverlässigen Dienstleister

3 was ein gutes Logo ausmacht

4 ein zuverlässiger Kundenservice

5 ein Sieger-Team

Lösungstipps

Vergleiche funktionieren ganz einfach nach der Regel: X ist wie Y. Beispiel: „Ein Fragebogen muss wirken wie ein Bumerang – kommt er zurück, war der Wurf gut." Überlegen Sie, was dem Bezugsbegriff ähnlich ist/sich ähnlich zu ihm verhält etc. Beginnen Sie mit: „Ein Unternehmen ist wie ..." oder „Ein zuverlässiger Kundenservice ist so wichtig wie ..."

Lösung

Hier ein paar Vorschläge:

1 Unternehmen: wie ein lebender Organismus; wie eine der Umwelt optimal angepasste Pflanze; wie eine Maschine (ein Rädchen greift ins andere); wie ein hungriges Tier;

2 Unternehmen – Dienstleister: wie Putzerfisch und Korallenfisch (leben in Symbiose, Putzerfisch reinigt Körperoberfläche und die Kiemen des Korallenfischs und erhält so Nahrung); wie ein Fuß mit dem passenden Schuh – ohne Schuh kann der Fuß nicht so weit laufen;

3 Logo: wie das Wahrzeichen einer Stadt, wie eine einprägsame Schlagermelodie, wie der Fingerabdruck eines Menschen;

4 zuverlässiger Kundenservice: schnell wie die Feuerwehr, so wichtig wie die Perle im Haushalt etc.

5 ein Sieger-Team: wie eine Fußballmannschaft, bei der das Zusammenspiel (Pass, Ballabgabe, Torvorbereitung) gut klappt; wie ein Orchester, in dem jede Einzelstimme ihren Beitrag zum Gesamtklang leistet.

Praxistipps

Wenn Sie einen Vergleich noch weiter ausbauen und ein ganzes Szenario entwerfen, kommen Sie zum Stilmittel der *Analogie*. Beim Unternehmen könnten Sie etwa die Unternehmensleitung mit dem Gehirn, die einzelnen Glieder mit den Abteilungen, die Organe mit den Prozessen, das Blut mit dem eingesetzten Kapital gleichsetzen etc.

Metaphern verwenden

Übung 48

🕐 **3 min**

Überlegen Sie sich Metaphern zu folgenden Begriffen bzw. Sachverhalten. Fallen Ihnen dazu zuerst gängige ein, versuchen Sie es auch noch mit einer eigenen Schöpfung! Nehmen Sie sich etwa 30 Sekunden Zeit für jeden Begriff.

1 ein erfahrener Verkäufer

2 ein Projekt zu Ende bringen

3 Karriere machen

4 finanziell abgesichert

5 Geld beschaffen

6 jemandem helfen

Lösungstipps

- Metaphern sind bildhafte Ausdrücke. Auch hier geht es um Ähnlichkeit mit anderen Begriffen. Anders als beim Vergleich oder der Analogie wird diese Ähnlichkeit aber nicht explizit gemacht, sondern direkt auf den Begriff/ Sachverhalt übertragen (anstatt von „Haaren wie Gold" sprechen Sie dann vom „Gold ihrer Haare").

- Es reicht für die Metapher, wenn Sie nur einen Aspekt Ihres Begriffs herausgreifen und übertragen.

- Es gibt Metaphern, die sich als feste Redewendungen etabliert haben. Spannender aber sind neue, originelle Metaphern, wenn sie wirklich „treffen".

Lösung

1 Erfahrener Verkäufer: alter Hase, Basarkönig, Umsatzmacher, jemand, der seine Großmutter verkauft;

2 ein Projekt zu Ende bringen: auf der Zielgeraden liegen, den Ball einlochen, im Hafen landen, die Ernte einfahren, die letzte Hürde nehmen etc.

3 Karriere machen: hochkommen, bald dick drin sein, im Fahrstuhl zur Chefetage stehen, das Siegerpferd reiten, den Olymp erklimmen

4 finanziell abgesichert: weich gebettet, einen gut gestopften (dicken) Sparstrumpf haben, einen Sack voller Dukaten im Keller, einen Goldesel im Stall, über hundert Winter kommen

5 Geld beschaffen: was flüssig machen, sich eine Finanzspritze geben lassen, jemanden anzapfen/anpumpen, frisches Kapital besorgen, betteln gehen, auftanken,

6 jemandem helfen: unter die Arme greifen, zur Seite stehen, den Samariter spielen, Notnagel sein etc.

Praxistipps

Bilder veranschaulichen nicht nur das Gesagte, sondern unterstützen auch die Merkfähigkeit. Wo immer es kompliziert oder zu abstrakt für Ihre Zuhörer wird, sollten Sie auf dieses Stilmittel zurückgreifen. Vermeiden Sie aber zu abgedroschene Metaphern wie: „Es ist fünf vor zwölf" oder negative Übertragungen (z. B. „kollektiver Freizeitpark"). Hüten Sie sich auch vor falscher Verwendung oder Vermischung von Metaphern, die nicht zusammenpassen.

Eine kleine Geschichte erzählen

Übung 49

🕐 **10 min**

Bereiten Sie eine kleine Geschichte vor. Entwerfen Sie dann eine kleine Rede, die Sie so einfach strukturieren, dass Sie sie mühelos auswendig vortragen können. Versuchen Sie dabei, den Inhalt so zu vermitteln, dass kein Vorwissen notwendig ist. Überlegen Sie sich dann noch einen smalltalkgerechten Einstieg für Ihre Geschichte mit einem guten Aufhänger.

Nehmen Sie Ihre Erzählung auf Band auf. Hören Sie das Ergebnis ab und überlegen Sie anschließend, wie Sie daran noch feilen könnten.

Lösungtipps

- Erzählen Sie in eher kurzen Sätzen. Vermeiden Sie endlose Reihungen mit „und (dann)" – Ereignisse lassen sich auch gut mit *inzwischen, bald darauf, plötzlich, erneut*, verbinden.

- Setzen Sie Stilmittel ein! Neben Vergleich und Metapher bieten sich die Steigerung an (Klimax, z. B. „er wurde blass und immer blasser"), die Übertreibung und Untertreibung, Beispiele, Zitate und andere mehr.

- Erzählen Sie möglichst spannend. Spannung erzeugt es etwa, wenn sich die Ereignisse überstürzen, es zu Verwicklungen kommt, die Auflösung ungewiss ist etc.

- Bringen Sie außerdem witzige und überraschende Elemente in Ihre Geschichte ein.

Lösung

Hier ein Beispiel zum Nacherzählen – eine Sport-Anekdote:

Während der Tour de France im Jahr 1950 herrschte eine unerträgliche Hitze. So kam es, dass sich der gesamte Fahrerpulk auf der Etappe von Perpignan nach Nimes ein kühlendes Bad im Mittelmeer gönnte – zum Ärgernis der Rennleitung. In Sachen Hitze ziemlich abgehärtet, nutzte der Nordafrikaner Zaaf jedoch die Gunst der Stunde und fuhr glatt zwanzig Minuten Vorsprung heraus. Nur noch 19 Kilometer trennten ihn vom Etappenziel, als ihn plötzlich die Kräfte verließen. Auf seinem Schlingerkurs von einem Streckenposten gestoppt, legte er sich zum Ausruhen unter einen Baum – und schlief prompt ein. Als er wieder zu sich kam, überfiel ihn die Panik. Rasch schwang er sich auf sein Velo und nahm das Rennen wieder auf – doch leider fuhr er in die falsche Richtung. (Über den Grund des Schwächeanfalls kursieren unterschiedliche Versionen, angeblich waren zwei Flaschen Wein im Spiel, die sich der Radprofi – schon siegesgewiss – unterwegs genehmigt hatte).

Praxistipps

Um andere im Small Talk zu unterhalten, können Sie ein witziges Thema aufbringen, über das noch nicht viele Menschen nachgedacht haben, zum Beispiel wer unter welchen Umständen den Teebeutel erfunden hat. Oder recherchieren Sie in populärwissenschaftlichen Zeitungen interessante wissenschaftliche Phänomene. Gut geeignet sind auch die sog. „Legenden des Alltags" und ihre Aufklärung.

Meine beste Urlaubsstory

Übung 50
🕐 **10 min**

Erinnern Sie sich an eine bemerkenswerte Urlaubsgeschichte, die es immer wieder wert ist, erzählt zu werden? Oder kennen Sie die Eckdaten einer guten historischen Geschichte? Schreiben Sie die Geschichte auf. Überlegen Sie sich, wie Sie Ihre Geschichte ausschmücken könnten, ohne sie zu verfälschen.

Wenn Sie mit Ihrem schriftlichen Entwurf fertig sind, tragen Sie die Geschichte vor (einem Freund, Ihrem Partner, einem Kollegen – oder Sie sprechen Sie auf Band). Lassen Sie sich Feedback geben. Achten Sie beim Vortrag darauf, dass Sie viel Gefühl in Ihre Erzählung hineinlegen. Erzählen Sie dann die Geschichte bei der nächsten passenden Gelegenheit.

Lösungstipps

In einer (Urlaubs-)Geschichte sollten immer Menschen die Hauptrolle spielen. Der Fischer im Dorf, in dem Sie gewohnt haben, die Weltenbummlerin aus Australien, mit der Sie eine Dschungeltour unternommen haben, oder die italienische Familie, deren kleine Tochter mit Ihrer Tochter in einem lustigen Italienisch-Deutsch-Kauderwelsch geplappert hat, sind viel interessanter, als die Kulturstätten oder Strände, die Sie gesehen oder getestet haben. Wenn Sie selbst im Mittelpunkt der Geschichte stehen, ist das natürlich das allerbeste. Dabei dürfen Sie ruhig über sich selbst lachen!

Praxistipps

Wenn Sie eine richtig gute Story zum Besten geben wollen, beachten Sie folgende Punkte:

- Ein guter Einstieg sollte die Aufmerksamkeit der Zuhörer fesseln.

- Bauen Sie die Spannung langsam auf. Die Geschichte kann ganz harmlos beginnen, zum Schluss hin dürfen sich die Ereignisse überschlagen.

- Dramatische oder lustige Verwicklungen ergeben sich zum Beispiel durch Missgeschicke, kulturelle Missverständnisse, eigene Fehlplanungen oder Ähnliches.

- Das Wichtigste ist, dass die Pointe gut sitzt: Ist das Ende witzig, überraschend, erlösend?

Abschlusstraining

Small Talk in jeder Situation

Übung 51

🕐 **8 min**

Wie können Sie in den folgenden Situationen vorgehen? Notieren Sie sich ein paar Sätze dazu und rekapitulieren Sie die entsprechenden Gesprächstechniken.

1 Sie begegnen einem neuen Vorgesetzten, der den ersten Tag in der Firma ist, am Faxgerät. Sie müssen dringend etwas faxen.

2 Eine alte Frau rutscht auf der Straße aus und fällt hin.

3 Sie sollen eine ausstehende Rechnung anmahnen. Den Kunden, einen kleinen Zwei-Mann-Betrieb, kennen Sie kaum.

4 Der Chef hat heute Ihre Kollegin, Frau Müller, privat eingeladen. Eine Anerkennung für ihre guten Leistungen in einem Projekt. Sie wissen nicht, ob noch weitere Kollegen eingeladen sind. Da fragt eine neugierige Kollegin: „Sagen Sie, was ist denn mit dem Chef los? Der hebt die Müller in den Himmel, als ob sie alles allein stemmen würde."

5 Sie gehen mit einem Dienstleister in die Betriebskantine. Da steht ausgerechnet Ihr Lieblingsfeind vor Ihnen und nörgelt laut über die heute angebotenen Gerichte. Sie finden, dass das Essen für eine Großküche wirklich in Ordnung ist.

Lösung

1　Vorgesetzter am Faxgerät: Sie bitten ihn nicht, ob Sie zuerst faxen dürfen. Vielmehr wechseln Sie ein paar nette Worte. Setzen Sie hier einen Aufhänger ein: So könnten Sie ihn fragen, ob er sich schon auskennt mit dem Gerät und, falls dies nicht der Fall ist, Ihre Hilfe anbieten. Während das Fax arbeitet, stellen sich vor.

2　Straßenbahnhaltestelle, eine alte Frau fällt hin: Hier ist praktische Hilfe und Anteilnahme angesagt. Nach der Frage, ob sie sich verletzt hat, drücken Sie Ihre Anteilnahme aus und können dann vielleicht auch noch einen netten Small Talk beginnen.

3　Ausstehende Rechnung: Das Gespräch beginnen Sie mit einer Begrüßung und Vorstellung, eventuell bringen Sie in Erinnerung, wer Sie sind und wann Sie sich das letzte Mal gesprochen haben. Ein Small Talk als Einstieg ist in dieser Situation weniger angebracht. Kommen Sie besser höflich zum Eigentlichen, reden Sie nicht lange um den heißen Brei herum. Danach können Sie aber einige Worte anschließen, um das unangenehme Gespräch harmonischer zu beenden. Entlastend wäre eine Bemerkung wie diese: „In einem kleinen Betrieb ohne Buchhaltung ist es sicher nicht so leicht, alles im Blick zu haben." Damit äußern Sie Ihr Verständnis, ohne aber die Erinnerung an die Zahlung zurückzunehmen.

4　Chef und Frau Müller: Sie lassen sich auf das Gespräch, nicht aber auf einen negativen Klatsch ein. Sagen Sie zum Beispiel, dass der Chef zufrieden sei mit Frau Müllers Leistung im Projekt. Oder werden Sie ironisch: „Ist Ihnen ein nörgelnder Chef lieber?"

5 Mit einem Dienstleister und dem Lieblingsfeind in der Betriebskantine: Beklagen Sie sich nicht über Ihren Lieblingsfeind. Auch ein offener Schlagabtausch wäre in Anwesenheit eines Außenstehenden unangebracht. Entweder überhören Sie das Genörgel und schneiden ein ablenkendes Thema an oder Sie flüstern Ihrem Dienstleister zu: „Leider hat unser Drei-Sterne-Koch gekündigt. Ich hoffe, dass Sie nicht allzu enttäuscht sind." Diese leichte Ironie wird er verstehen.

Praxistipps

Pflegen Sie Ihr Small-Talk-Können! Denn mit Small Talk können Sie

- mühelos ein Gespräch mit Fremden eröffnen („Kaltstart") oder in einen Kreis unbekannter Personen „eindringen" und an dem, was gerade vorgeht, teilhaben,
- sich entspannen und ablenken oder andere unterhalten,
- andere für sich einnehmen und Imagearbeit betreiben,
- formellere Situationen auflockern
- und soziale und hierarchische Distanzen überbrücken.

Small Talk hilft Ihnen, Distanz zu anderen Menschen ab- und eine persönliche Beziehung aufzubauen – eine sehr wichtige Funktion, die Sie vor allem für Ihr Networking nutzen sollten. Guter Small Talk kostet Sie nichts. Bedenken Sie: Sie können damit nur gewinnen!

Stichwortverzeichnis

Abstand 223
Abwertungen 92 ff.
Anekdoten 73
Anfänger 20 f.
Angriffe 92 f.
Angst 20 f., 26 ff., 42, 120
Anker 209
Artikulation 231
Assoziationsketten 235
Atmung 229
Aufmerksamkeit 37 f., 102,
    106 f.
Ausstrahlung 113 ff.

Begrüßung 141 ff., 151, 155
Beruf 175

Coaching 124 f.

Dialekt 75

Einstellung, positive 32, 34
Entspannung 11, 85
Erfolg, beruflicher 11
Erwartungen 110, 123

Fehler 84
Floskeln 35, 95, 97 f., 103
Fragen 72, 81 f., 187, 195
Fremdwörter 95, 98
Führungskräfte 13 f.

Gemeinsamkeiten 179
Geschichte erzählen 241
Gesprächsaufhänger 147
Gesprächsende 51

Gesprächsstart 149
Gesprächsstarts 36 f., 44
Gruppen 38 ff.

Hemmungen 24, 26 f.
Hobbys 45
Höflichkeit 193, 203

Icebreaker-Floskeln 149
Interesse 21 f., 24, 41, 57,
    103
Ironie 88 f.

Karrierefaktor 11
Kinder 56 ff.
Klatsch 215
Kompetenz, soziale 10
Kontaktbereitschaft 131
Körpersprache 111, 113 f.

Langeweile 40, 78
Lebensverhältnisse 170

Manipulation 12
Meinung 193
Metaphern 239

Namen 207

Pannen 211
Pantomime 225
Partner 17, 52, 54 f.

Ratschläge 69 f., 100
Rechthaber 70
Respekt 105 ff.
Rückmeldungen 121 f.

Sarkasmus 88
Schlagfertigkeit 217
Schüchternheit 133
Schweigen 46, 48, 52
Seminare 125
Situationsbrücken 145
Sprachmarotten 233
Stand 227
Standardthemen 163
Stärken 139
Szenarien 189

Tabu-Themen 183
Themen 36, 40 f., 64 ff.
Themenwechsel 173

Urlaub 243

Verabschiedung 201
Vergleiche 237

Verständnis 100, 103 f.
Vielredner 213
Vorteile 13
Vorwürfe 55, 89 f.

Wertschätzung 177
Wetter 165
Wissenslücke 37, 43
Witze 65 f.
Wohnort 167
Worst Case-Szenario 28 f.
Wünsche 99 f., 107, 109

Ziele 107, 109
Zitate 73
Zuhören 197 ff.
Zustimmung 100 f.
Zynismus 88

Bibliografische Information der Deutschen Bibliothek
Die Deutsche Bibliothek verzeichnet diese Publikation in der Deutschen Nationalbiblio-
grafie; detaillierte bibliografische Daten sind im Internet über http://dnb.ddb.de
abrufbar.

ISBN 978-3-448-09087-1
Bestell-Nr. 00994-0001

© 2008, Rudolf Haufe Verlag GmbH & Co. KG, Niederlassung Planegg/München
Postanschrift: Postfach, 82142 Planegg
Hausanschrift: Fraunhoferstraße 5, 82152 Planegg
Fon: (0 89) 8 95 17-0, Fax: (0 89) 8 95 17-2 50
E-Mail: online@haufe.de
Internet www.haufe.de
Redaktion: Jürgen Fischer

Gesamtbetreuung: Sylvia Rein, 81371 München
Titelbild und Umschlaggestaltung: Kienle gestaltet, 70182 Stuttgart
Umschlagentwurf: Agentur Buttgereit & Heidenreich, 45721 Haltern am See
Cartoons: BAASKE CARTOONS, 79379 Müllheim: Jules Stauber, Reinhard Alff, papan,
Klaus Puth
Desktop-Publishing: Agentur: Satz & Zeichen, Karin Lochmann, 83129 Höslwang
Druck: freiburger graphische betriebe, 79108 Freiburg

Zur Herstellung der Bücher wird nur alterungsbeständiges Papier verwendet.

Die Autorin

Dr. Cornelia Topf

ist ausgewiesene Expertin für Kommunikation, Business-coach, Trainerin und international gefragte Vortragsrednerin. Ihre Schwerpunktthemen sind überzeugende Rhetorik, souveräne Körpersprache, begeisterndes Auftreten, gewinnende Wirkung, Frau und Karriere. Zu diesen Themen hat sie auch zahlreiche Ratgeber veröffentlicht, darunter viele Beststeller. Der Erfolg ihrer Vorträge und Bücher basiert auf den lebenspraktischen Inhalten und ihrem mitreißenden Stil. Seit über 20 Jahren ist sie Leiterin von metatalk, dem renommierten Augsburger Institut für Kommunikation.

Von ihr stammt der erste Teil dieses Buches (S. 7 - 126).

metatalk – Kommunikation und Training
Dr. Cornelia Topf
Tel. 0821/70 48 82, E-Mail: info@metatalk-training.de
www.metatalk-training.de

Weitere Literatur

„Small Talk – Nie wieder sprachlos. Das Trainingsbuch", von Dr. Stephan Lermer, 232 Seiten, € 19,80.
ISBN 978-3-448-05652-5, Bestell-Nr. 00803

„Small Talk – Die besten Themen. Das Ideen-Buch für Fortgeschrittene", von Matthias Nöllke, 280 Seiten, € 19,80.
ISBN 978-3-448-06793-4, Bestell-Nr. 00155

Für mehr Gelassenheit im Job

Lernen von der Natur

So wie die Lotusblüte Schmutz abweist, können Sie Ärger einfach an sich abperlen lassen. Hier erfahren Sie, welcher Ärgertyp Sie sind und welche Hilfsmittel für mehr Gelassenheit es gibt. So reagieren Sie souveräner und sind dadurch erfolgreicher.

€ 19,80
192 Seiten I Buch
978-3-448-09279-0
Bestell-Nr. E00207

TaschenGuides – Qualität entscheidet

Bereits erschienen:

■ Der Betrieb in Zahlen

- 400 € Mini-Jobs
- Balanced Scorecard
- Betriebswirtschaftliche Formelsammlung
- Bilanzen lesen
- Buchführung
- Businessplan
- BWL Grundwissen
- BWL Kompakt – die 100 wichtigsten Fakten
- Controllinginstrumente
- Deckungsbeitragsrechnung
- Einnahmen-Überschussrechnung
- Finanz- und Liquiditätsplanung
- Die GmbH
- IFRS
- Kaufmännisches Rechnen
- Kennzahlen
- Kleines Lexikon Rechnungswesen
- Kontieren und buchen
- Kostenrechnung
- Kleine mathematische Formelsammlung
- VWL Grundwissen

■ Mitarbeiter führen

- Besprechungen
- Führungstechniken
- Die häufigsten Managementfehler
- Management
- Managementbegriffe
- Mitarbeitergespräche
- Moderation
- Motivation
- Projektmanagement
- Spiele für Workshops und Seminare
- Teams führen

■ Karriere

- Assessment Center
- Existenzgründung
- Ich-AG – mit Gründerzuschuss selbstständig
- Jobsuche und Bewerbung
- Vorstellungsgespräche

■ Geld und Specials

- Die neue Rechtschreibung
- Eher in Rente
- Energieausweis
- IGeL – Medizinische Zusatzleistungen
- Immobilien erwerben
- Immobilienfinanzierung
- Sichere Altersvorsorge
- Geldanlage von A–Z
- Web 2.0
- Zitate für Beruf und Karriere
- Zitate für besondere Anlässe

■ Persönliche Fähigkeiten

- Allgemeinwissen Schnelltest
- Ihre Ausstrahlung
- Business-Knigge – die 100 wichtigsten Benimmregeln
- Mit Druck richtig umgehen
- Emotionale Intelligenz
- Entscheidungen treffen
- Fitness für Beruf und Karriere
- Gedächtnistraining
- Glück!
- IQ-Tests
- Knigge für Beruf und Karriere
- Knigge fürs Ausland
- Kreativitätstechniken
- Manipulationstechniken
- Mind Mapping
- NLP
- Persönliche Situationen meistern
- Schneller lesen
- Selbstmanagement
- Sich durchsetzen
- Soft Skills
- Stress ade
- Verhandeln
- Yoga für Beruf und privat
- Zeitmanagement